「苦手・嫌い」が
「得意・好き」に変わる
コーチングの極意

子どもとスポーツのイイ関係

山田ゆかり

大月書店

まえがき

このごろ、子どもとスポーツの関係について、心配になるような話題が多い。

ひとつは、スポーツ（運動）ぎらいの弊害《へいがい》だ。クルマ社会や都市化によって、「からだ遊び」の機会が失われ、そこにゲームが入り込み、運動不足になっているのを目の当たりにする。子どもたちのスポーツ離れが進み、それが体力や運動能力の低下に結びついている。

もうひとつは、ある意味これと真逆で、スポーツ（運動）のやりすぎによる弊害だ。部活やスポーツ少年団などでの勝利至上《しじょう》主義がエスカレートし、カリスマコーチがもてはやされ、暴言暴力やハラスメントがはびこる。大人（保護者）の不要な口出しも少なくない。それが子どもたちのこころとからだを傷つけたり、「燃え尽き症候群《しょうこうぐん》」を引き起こしたりしている。

私はスポーツの魅力《みりょく》にとりつかれて早30年。スポーツライターとして、また大学の非常勤講師として、さらには総合型地域スポーツクラブ「飛騨《ひだ》シューレ」代表理事として、スポーツで人生が豊かになることを日々実感し、それを伝える活動に力をそそいできた。スポーツによって子どもたちが犠牲《ぎせい》になるなど、全く本末転倒であり、とても悲しいことだと感じている。

スポーツ離れといわれる中でも、子どもたちは「遊び」には一生懸命だ。学校の休み時間には、ドッジボールや追いかけっこに歓声《かんせい》を上げる子どもたちの姿がある。「ホントはスポーツ好きなんだけど……」「あんなふうにできたらな〜」と、ひそかに心で思っている子どもたちがいる。また、せっかくスポーツをしていたのに、大人の勝手な期待や、強引な指導によって、スポーツから離れてしまう子どもたちもいる。

私は、すべての子どもたちが、スポーツの「ホントの楽しさ」を知り、「スポーツ大好き！」になるためのきっかけづくりをしたい。さらには、からだを動かすことにソッポを向いてしゃがんでいる子どもたちを、ドッコイショと立たせてみたい。

「スポーツは苦手・嫌い」と思い込んでいる子どもたちから、そんな意識を払拭《ふっしょく》したいと思っている。

●

この本では、子どもとスポーツの関係がおかしくなっている現状を考え、大人たちが知っておきたいことをまとめた。

さらに、7つの競技の一流コーチたちに取材して、子どもたちが「スポーツ大好き」になる活動実践《じっせん》を紹介している。日本代表レベルのチームや全国優勝するチームのコーチたちが、子どもたちに「上から目線」の指導をしていると思ったら大間違いだ。その子ども観・スポーツ観にふれて、学んでいただきたい。活動実践は、学校や地域のスポーツ現場でも、さっそく真似《まね》してみたいものばかりだ。

また、子どものからだについての基礎知識や、保護者と指導者との関係づくりについても、専門家のアドバイスを寄稿《きこう》していただいた。

●

子どもとスポーツのイイ関係をつくっていくには、たくさんの大人たちが協力する必要がある。この本をきっかけに、読者のみなさんと一緒に考え、力を合わせていきたい。子どものスポーツ指導に関わっている方々、学校の先生（特に、部活動で悩んでいる先生）はもとより、保護者の方々にも読んでいただけたら、とてもありがたい。

子どもをスポーツぎらいにするのは大人たちだが、子どもをスポーツ好きにできるのも大人たちなのだ。

目次

Ⅰ　子どもとスポーツのイイ関係　1

1　子どもとスポーツのおかしな関係　2
スポーツぎらいの子どもたち／スポーツが「できる」「できない」なんて、誰が決めるの？／スポーツをしている子どもは健康か？／スポーツ活動で傷つく子どもたち／スポーツで人間形成のはずが

2　大人の役割　19
「勝ちたい」のは大人の都合／部活の意義は？／良い指導者の条件／子どもに合わせた指導／発達段階ごとの活動内容／理と思いやりを教えるのもスポーツ指導／暴言暴力、ハラスメント

3　子どもがスポーツ好きになるスポーツ活動とは　36
「できた！」を体感するキッズテニス／ラリーでコミュニケーション／子どもがつくるゲーム／水泳とスイミング／必ず泳げる！／水の達人になる！／「できない」からこそわかる気持ち

II　一流コーチたちの実践紹介！　47
【ソフトボール】すべてに通ずるキャッチボール（宇津木妙子さん）　48
【テニス】テニスは身近なボール遊び（飯田 藍さん）　60
【柔道】「笑顔で柔道」はありえない？（坂東真夕子さん）　72
【ホッケー】「おにごっこ」から始まるホッケー（永井東一さん）　83
【バスケットボール】「当たり前」の追求（安江満夫さん）　93
【野球】「納得」の野球指導（青木秀憲さん）　107
【サッカー】長い目で見守る指導（半谷真一さん）　120
III　イイ関係に向けたアドバイス　131
【骨】骨の基礎知識（鳥居 俊さん）　132
【ボディケア】成長期の子どもとスポーツ（中村千秋さん）　144
【保護者と指導者】連携のポイント（坂本幸雄さん）　153

I
子どもとスポーツのイイ関係

1　子どもとスポーツのおかしな関係

スポーツぎらいの子どもたち

「めんどくさ〜い」、「つかれた〜」、「ムリ〜」……。子どもたちが言う、「三大言いわけ」だ。何かをするとき、特に、からだを動かさないといけないときに、必ず口から出る。もはや口癖《くちぐせ》と言ってもいいだろう。

スポーツぎらいの子どもたちに共通することが2つある。

ひとつは、この「めんどくさい」「つかれた」「ムリ」が、スポーツにつきものだと思い込んでいることだ。

椅子に座ったままとか、寝転がったまま、「ラク」な姿勢で、「ラク」にできることはする。ずっと立っていたり、走ったり、歩いたり、物を上げたり下ろしたり……は、しない。手の届かないところにある物は、人に「とって〜」と頼む。出したものは片づけない。靴《くつ》や上着は脱ぎっぱなし、ランドセルは放《ほう》る、教科書やノートは開きっぱなし。

とにかく、からだを動かして何かをすることは、面倒くさいから「しない」、疲れるから「したくない」。ましてやスポーツは、面倒くさくて、疲れて、ムリなことなのだ。

子どものスポーツぎらいの共通点のもうひとつは、自分には「できない」と思い込んでいることだ。

スポーツ活動に関わる指導者（体育教員も含む）が、子どもに言う。「ダメじゃないか、できなきゃ」、「こんなこともできないのか」。保護者、特に母親が、運動会やちょっとした動きを見て、「うちの子は鈍《にぶ》いんです」、「うちの子は運動神経《しんけい》がないんです」。

一回でできるわけがないことも、「できて当たり前」と勘違《かんちが》いする大人の「ひと言」が、子どもにとっては害になる。

できる子、できない子、と分け隔《へだ》てる。大人にとって、できる子は楽だ。しかし本来は、できない子にじっくり時間をかけて「できる」ようにすることだって、指導者の役割だ。

完璧な到達点でなくてもいい、すべてでなくてもいい、どんな些細《ささい》なことでもいいので、「できる」体験をさせる。大人が子どもにスポーツを指導するときの役目は、子どもたちに、「できる」実感で、「自信（よし、どんとこい！）」、「満足（あ〜、まんぞくまんぞく）」、「達成（やったぁ〜！）」、「爽快（きもちいい〜）」、「歓喜《かんき》（うれしい！　たのしい！）」の、５つを感じさせることにほかならない。

スポーツが「できる」「できない」なんて、誰が決めるの？

飛騨シューレの子ども向けプログラムの「売り」のひとつが、「スポーツワーク」だ。1年間のうちの数日、トップレベルのアスリートやコーチたちと、子どもたちが一緒に遊ぶ。

遊ぶツールは、アスリートやコーチたちが関わるスポーツ種目のキッズ版。フィールドは規定より狭《せま》く、用具は軽量で小型化、ルールは簡素《かんそ》化されたものだ。

ハンドボール（キッズハンド）、ラグビー（タグラグビー）、アメフット（フラッグフット）、テニス（キッズテニス）、バスケットボール（ミニバス）、ホッケー（ユニホッケー）、ゴルフ（スナッグゴルフ）のうち、好きな種目を選んで参加する。もちろん複数参加することもできる。

種目を見ると、けっこう「激しい動き」「技術力」がいるものばかり。参加する子どもたちは、さぞかし「運動が得意」「スポーツが好き」なのだろう、と思われがちだ。ところが実は、このスポーツワークに限って、「運動が苦手」「スポーツが嫌い」な子どもたちがやってくる。

でも、終わった後に子どもたちに感想を書いてもらうと、「こういうのだったら、からだを動かしたいと思う」、「できないって学校で言われたけど、できた」、「汗をかくことって気持ちいいって初めて知った」、「友だちと一緒に遊べて楽しかった」……。明らかに子どもたちは、スポーツを受け入れてくれたのだ。

いったいなぜだろうか。

Aさん（小3女子）は、通知表の「体育」は低評価、いつからか「鈍い」と周囲から決めつけられていた。本人が行きたいと言ったのではなく、告知チラシを見た保護者がAさんに参加をすすめ、「ハンドボールの日」にやってきた。

指導するアスリートは、この事情を知らない。他の子どもと一緒に、Aさんにもシュートを教えた。「君は背が高くて腕が長いから、腕を大きく振ってごらん。足を一歩踏み出して、気持ちよく、思いっきり投げてごらん」。おっかなびっくり投げたシュートがゴールした。しかも鋭《するど》いボールだった。

アスリートがAさんに、「わあ～、すごい、上手いよ！　みんなにお手本を見せてよ」と、再度、子どもたちの前でシュートを投げさせた。ストーンとゴールポストに入る。

Aさんは夢中で何度も投げた。アスリートが言った。「僕らのチームにスカウトしたいよ」。Aさんの、そのときの目の輝き。そして「私、ハンドボールなら好き、できた！」という言葉は、忘れられない。

テニスの日。少々体格が大きめのBくん（小4男子）は、学校では「のろい」といじめにあっている。彼も保護者に連れられて来た。初めは尻込《しりご》みしていた。どうやら、イヤイヤ出かけてきたらしかった。

テニスのコーチたちが彼にかけた言葉は、「ボールをよく見て、あわてずゆっくりとラケットを振ろう」。だから、「君のように、慎重《しんちょう》に、ゆっくりできるほうがいいんだよ」。

今までBくんの「ゆっくり」は、「鈍い」と疎《うと》まれた。でも、今は、その「鈍さ」がいいと褒《ほ》められた。

実際、ゆっくり振ると、ラケットにボールが当たる。しかもまっすぐに飛ぶ。周りの子どもたちは、焦《あせ》って速く振ったり強く当てたりで、ミスが多い。

「テニスはね、いかに正確にボールをとらえ、ゆったり振って、長くラリーを続けるか。そのラリーで最後まで残ったほうが勝ちなんだよ」。気長にのんびり、そのほうが勝てる?! Bくんは思わず叫《さけ》んだ。「テニスはスポーツじゃないの? だって、僕ができるスポーツはなかったよ。僕、テニス、好き!」

どうして、「運動は苦手」な子どもが、そのスポーツだけは好きになれたか、その「動き」ができたか。それは、指導したアスリートやコーチの「教え方」「声がけ」の賜物《たまもの》だ。

大人たちはよく、速さ（走ること）や距離（跳《と》ぶこと、投げること、泳ぐことなど）を「数値」で評価する。大人の主観で「上手い・下手」を評価する。ゲームの「勝ち負け」で評価する。そして、人と「比べる」目が常にある。

もしかしたら、子どもの「運動（スポーツ）が苦手」「運動（スポーツ）が得意」という意識は、大人のモノサシで測ること、大人の偏《かたよ》った目で見ることに、その原因があるのではないか。

先ほどのAさんは、体育の評価は低いのに、アスリートのほんのひと言で、すぐに鋭いシュートが投げられるようになった。「投力」のレベルは高いと言える。何より、助言を聞いてその通りできる、という能力がすごい。スポーツ活動では大事な力だ。Bくんも、自分に合うスポーツを見つけることができたから、さらに続ければ、テニスを自分の得意スポーツにできるだろう。

そう、AさんもBくんも、運動能力は十分あるし、スポーツを大好きになれる資質《ししつ》は十分備《そな》えている。それがわかったのは、二人とも、多種目のスポーツを体験できるチャンスを与えられたからであり、「スポーツの本質」を知るグッド・コーチとの出会いがあったからだ。

こういうチャンスをつくること、そしてスポーツ現場の指導者たちがグッド・コーチをめざすことこそが、子どもがスポーツを好きになるために求められているのではないか。

スポーツをしている子どもは健康か？

飛騨シューレの活動をしながら、岐阜県内の一部の小学校で「健康教室」の授業を受け持っている。対象は5年生。1時間×3回の授業だ。

1回目は「健康について」の概論《がいろん》と食《しょく》の話。2回目は「からだを動かそう」で、日々の生活で役立つ軽体操。3回目は「ほね教室」で、からだの基礎である骨の話をする。余裕があれば、骨密度を測定し、その意味合いをわかりやすく説明する。いわば科学的アプローチだ。用紙にまとめて家庭に配布する。大人（保護者）は、数値があったほうが納得するからだ。

この健康教室を続けるうち、「果たして、スポーツをしている子どもは健康なのだろうか」と疑問に思えてきた。

一年に300人くらいの子どもたちと9年間関わってきたので、総数にして2700人くらい。授業が始まる前に、毎年、子どもたちに必ず聞くのは、「何か運動している子いる？」「スポーツクラブやスポーツ少年団に所属している子いる？」元気よく「は〜い」と手を挙げるのはよいが、そういう子どもたちの、授業中の受け答えや実技、反応を見るにつけ、アレ？と首をかしげたくなることが増えてきているのだ。たとえば……

●「健康について」の時間、睡眠時間を聞く。午後9時までに寝る子、午後10時までに寝る子、午後11時以降に寝る子……と尋《たず》ねる。すると、日常的にスポーツ活動をしている子どもたちの睡眠時間が圧倒的に少ないことがわかる。

そんな子はふだん、下校時間になると学校まで家族が迎《むか》えに行く。家に帰って軽食、もしくはコンビニに直行することも。練習が終わって帰路《きろ》につくのは、夜間9時半か10時前のスポーツ施設閉館ギリギリ。帰宅して、風呂、夕食、宿題……。就寝《しゅうしん》時間は、早くても午後11時を過ぎる。一方、スポーツ活動をしていない子は、早い子で午後8時、遅くとも午後9時半には寝ている。

つまり、スポーツ活動のために、子どもの生活リズムが崩れてしまっているのだ。

どうしてこんなことが起こるのか。その一番の原因は、「大人の時間」に子どもを合わせていることだ。ほとんどの子どものスポーツ指導者は社会人なので、活動時間が、仕事が終わった後に設定される。早くて午後6時、遅ければ午後7時半から始まる活動もある。加えて言えるのは、「長い時間の練習」「毎日の練習」こそが、「強くなる」唯一《ゆいいつ》の方法だと思い込んでいる大人が多いことだ。

しかし、子どもがスポーツに関わることの大きな意義は、「勝つこと」ではなく、「からだが健康で、こころ豊かな人生を送る」ための第一歩を、子ども時代に踏《ふ》み出すことにある。からだを動かす楽しさを子どもの頃に体感しておけば、それは一生忘れない。

からだを動かす習慣を身につけるには、活動は1時間か、せいぜい1時間半でよい。何も夜の7時から10時まで毎日練習する必要はない。一日3時間を毎日、という練習を続けていたら、子どもたちのからだどころか、こころまで壊《こわ》れてしまう。

●「からだを動かそう」の時間。①ハイハイ、②ヒザをつかず腰を上げて前進する高ハイ、③

上向きで寝転がって背中で進む、④うつ伏せで腕を使って前進、の4種をする。そんなとき、特に気になるのが、ふだんボールを使うスポーツをしている子どもたちの様子だ。

③④のような、上半身の身のこなしを心得《こころえ》ていないと前へ進めないタイプの運動ができない。閉脚座位前屈《へいきゃくざいぜんくつ》や開脚《かいきゃく》座位前屈のような、股関節《こかんせつ》まわりやからだ全体の柔軟《じゅうなん》度を測る運動では、足先に手先が届かなかったり、前屈するとヒザが自ずと曲がってしまったり。歩くときの姿勢は猫背《ねこぜ》気味。授業中の無駄話が多く、人の話を聞かず、落ち着きがない傾向も見られる。

どうしてこうなのか、とても興味が湧いたので、毎年、そうした子どもに問いかけをくり返してきた。データを取ったわけではないが、共通していたことがある。

まず、上半身の身のこなしと柔軟度について言えば、各種目の特性的な技術力アップの練習しかしていないからのようだ。「ウォーミングアップは、ストレッチをしているよ」と言うものの、実際にさせてみると、名ばかりのストレッチや簡単な体操のようなものだった。

ボールスポーツの基本は、種目の特性によって異なるが、主として、ドリブル、バウンス、キャッチ、スロー、キック、ヒット、ゴール……。本来なら、これらをひとつひとつ噛《か》みくだいて、丁寧《ていねい》に子どもたちに伝えることが、そのボールスポーツに取り組む最初だ。それに、より長く走ったり、より速く走ったりできる力が加われば、それがまさに、子どもたちの基礎的な体力を培《つちか》うことになる。ともすれば単調な動きのくり返しになるが、それを飽《あ》きないようにする工夫は、指導者の手腕《しゅわん》による。その先にようやく「ゲーム（試合）」があり、「勝敗」がある。

しかし、多くの大人が躍起《やっき》になって教えるのは、「勝つための技術」だ。しかも、子ども向けならいざ知らず、テレビや雑誌、ＹｏｕＴｕｂｅなど一方的な情報源から見よう見まねで得た、高度な技術論になりがちだ。子どもは、大人のからだを小さくしたものではない。大人のやり方をそのまま子どもに課《か》したら、子どもたちのからだに何が起こるか、言わずと知れたことだろう。

子どもたちから聞いた中で、ゾッとしたのは、「いかに審判《しんぱん》にわからないように反則するか」を教えてもらっているという話だ。サッカーなら、足を引っかけたり、ぶつかったりを、審判に見つからないようにやる「技術」を学ぶのだそうだ。それができる子は「上手」だと言われるらしい。プロ選手がそういう場面を見せることは、ちっともカッコよくない、少しも上手ではない、ということを、大人たちは毅然《きぜん》と言わなくてはいけない。

歩く姿勢、座るときの姿勢が良くないことについて言えば、その原因は、日ごろ歩いていないからだろう。歩かないので、自身のからだを支えることが難しくなってくる。地方へ行けば行くほど、公共交通の便は悪くなる。学校はスクールバス、スポーツ活動をする場所が徒歩10分でも自家用車に乗って行く。だから、授業中、机の前に座ったときの姿勢も、給食のときの姿勢も良くない。机に伏せてしまっている子もいる。

スポーツをしているから姿勢が良い、というのは思い込みにほかならない。指導者も、歩く姿勢までは注意しない。指導者自身、ポケットに手を突っ込んで背筋《せすじ》を曲げ、ガニ股《また》で歩きながら、子どもたちを怒鳴《どな》るのはよくある光景だ。

授業中の落ち着きのなさも、スポーツ現場でのありようがそのまま現れていると思う。子どもたちは、果たしてスポーツ活動でのびのびしているだろうか。大人の思うままにされ、いつも叱《しか》られ、時間に追われている。落ち着く、という体感を持つ場面がないのだ。

鼻もちならないのは、地区大会や県大会、ブロック大会に出場した子どもたちだ。「俺はえらい」といわんばかり、学校では担任のみならず、誰の話も聞く耳を持たない子がいる。これも大人が勘違いさせていると思わざるをえない。

何のために子どもはスポーツをするのか。何のために大人は、子どもにスポーツをするチャンスを与えるのか。本来、スポーツは、子どものからだとこころの健康に大きく寄与《きよ》するはずだが、そうなっていない真逆の現実があるようだ。

スポーツ活動で傷つく子どもたち

それだけでなく、スポーツ活動のために、子どもが傷（スポーツ障害、スポーツ傷害、燃えつき症候群など）を負ってしまう場合さえある。

Cさんは、中学のスキー部に所属していた。小学生の頃から競技スキーのクラブに入り練習してきたが、中学生になって、「自分はスキーに向いていないのではないか」と思うようになった。練習が嫌いではないが、やらされている感が強く、一生懸命になれない。競技会での成績も上がらない。

中2の春だった。ヒザの痛みが出はじめた。ひどいときは、歩けない。顧問《こもん》の先生に痛みを訴《うった》えると、「ただの成長痛だから、練習しても大丈夫。むしろ練習すれば治る」と言われた。我慢《がまん》して続けるが、だんだん痛みが強くなり、学校を休まなくてはいけないほどになってきた。心配した母親が最寄《もよ》りの開業医に連れて行くと、やはり「成長痛」と診断《しんだん》。それでも心配な母親は、Cさんと一緒に、顧問に相談した。しかし顧問は、「サボりたいから、仮病《けびょう》を使っている」と決めつけた。

とはいえ、歩けないから仕方ない。遠方にしかない、スポーツ整形外科の専門医に相談し、治療が始まった。専門医からは、「とにかく、練習を休んでください。中学生の頃に受けた傷害は、きちんと治さないと障害になり、一生治らないこともありますから、気をつけてください」と助言を受けた。

ドクターストップを掲《かか》げ、Cさんはやっと部活を辞《や》めることができた。

Dくんは、小学校1年生から野球を続けている。今6年生だ。打つ、投げる、守る、どれもバランスが取れ、ポジションは投手で4番バッター、そしてキャプテンだ。甲子園へ、そしてプロへ、という夢がある。Dくんへの信頼は、チームメイトだけでなく、大人たちからも絶大だ。試合では必ず完投、Dくんはそれを誇《ほこ》りに思っていた。

ところが、小学校時代最後の、大切な試合の数々を控《ひか》えた集中練習のときから、ヒジが痛くなってきた。初めはジワジワだったが、だんだんズキンズキンと痛むようになってきた。しかし、周りの、特に大人たちからの自分への期待を思うと、Dくんは、その痛みを親に言えない。ましてやコーチには言えなかった。

数カ月、練習も試合も、脂汗《あぶらあせ》を流しながら、投げた。Dくんは、ヒジを温めたほうがいいのかと思い、お風呂に入ったり、市販の温湿布《おんしっぷ》を貼ったりしたが、痛みはますますひどくなるばかり。球速が落ち、コントロールが不安定になっていった。

様子が変だと気づいたのは、コーチだ。「どこか悪いのか?」と聞くが、「大丈夫です」をくり返すDくん。「本人が大丈夫と言うんだから」と、投げさせた。が、やはり、いつもと違う。先発を外し、しばらく休むように伝えると、「投げたい」とDくんは涙を浮かべた。

結局、医師の診断は「野球肘《ひじ》」。治療に専念するため、しばらく休むことになった。

Cさんの場合も、Dくんの場合も、周囲の大人たちの無知が招《まね》いた悲劇だ。

Cさんの場合、コーチが思春期のスポーツ傷害・障害の知識を持っていれば、成長痛とはどういうものかわかっていれば、Cさんはスキーをもっと長く続けられたかもしれない。生涯《しょうがい》を通じてスキーを楽しめたかもしれない。中学校の部活もいい思い出になったはずだ。ところが、Cさんの心に残ったのは、つらいことばかり。もしかしたら、スキーへの憎悪《ぞうお》かもしれない。

Dくんの場合は、家族も含め、周囲の大人たちがDくんのSOSに気がつかなさすぎた。一人で悩んだ末、お風呂で温めていたということは、逆効果の治療をしていたのだ。大人たちがDくんの黄信号に気づきケアの知識を持っていたら、投げた後に適切なアイシングをしていたら、Dくんのヒジは助かっていたかもしれない。小学生最後の試合で、思う存分に投げられたかもしれないのだ。

多くの大人は、スポーツで子どもに健康になってほしいと願っている。それなのにこのようなことが起こるのは、本末転倒としか言いようがない。スポーツ指導に関わる大人の責任は大きい。こんなことでは、スポーツのせいで、子どもがスポーツぎらいになってしまう。

スポーツで人間形成のはずが

子どもスポーツ活動のおかしな事態《じたい》は、まだまだある。

スポーツの効用としてよく言われるのが、「人間形成」とか「礼儀《れいぎ》」だ。しかし、指導者たちは、この意味を理解し、子どもたちに現場できちんと伝えているだろうか。指導者自身が「あいさつ」すらできないのが現状ではないか。

朝、会っても「おはようございます」と言えない。こちらからあいさつしても、ポケットに手を突っ込んだまま、ちょこっと頭を下げるだけ。そんな指導者はたくさんいる。

もっと残念なのは、子どもたちが、さも当たり前のように、「空《から》のあいさつ」をする場面が目立つことだ。相手を見ない、気持ちのこもらない、形式だけのあいさつのことを、私はそう呼んでいる。

ある部活が終わった後の光景だ。バタバタと子どもたちがコーチのところへ駆け寄ってくる。ぐるりとコーチを取り巻き、キャプテンの一声とともに、いっせいにあいさつする。ところが、ほとんどの子どもは、下を向くか、よそのほうを向いているか……。なかには、オウム返しのように、ただ声を合わせている子どももいる。「あいさつ」って何だろう、と思ってしまう。

あいさつは、コミュニケーションの始まりだ。人と人とのつながりのスタートだ。スポーツが人間形成の一助《いちじょ》であるなら、その現場であいさつさえできないのは変ではないか。

いや、あいさつができないくらいなら、まだマシだ。

「おい、おまえっ、何やっとるんだ！」「ばか！　何見とるんだ！」「しっかりやらんか！」……。「倒せ～」、「やっつけろ」、「ピッチャー、へぼ」、「バッター、帰れ」……。

ある日出かけた、少年野球の公式戦でのことだ。叫んでいるのは、監督と保護者らしき人たち。しかも、監督はベンチで足を組み、ふんぞり返って怒鳴っている。その他大勢《おおぜい》は、観客席から身を乗り出して、ヤジの飛ばし合い。

あ～、これが、開会式でスポーツマンシップ、フェアプレイを宣言した子どもたちに向かっての、大人たちの言葉なのか。本当に情けなくなってくる。

この例、何ら特別のことではない。中学校の部活動でも、全く同じ光景、同じ言葉づかいの顧問を見る。顔は怒りでゆがみ、口からツバを飛ばしながら、わめく。失敗した子どもを射《い》るように指さし、今にも蹴《け》ったり殴《なぐ》ったりしそうだ。

どうして怒るのか、どうしてわめくのか。その疑問を、そういう部活を容認する校長にぶつければ、「熱心な指導をしてもらっている」、「先生の言うことを聞いているから勝てる。強くなれる」。教育委員会も、それを悪いことだと思わない。とがめる者は誰もいない。

保護者は、その顧問の汚い言葉を「厳しい指導」「熱のこもった指導」と礼賛《らいさん》する。指導者は勘違いし、さらに拍車《はくしゃ》がかかる。それが延々《えんえん》と続いているのが、日本の部活、日本のスポーツ界の現状だ。

あらためて、考えてみてほしい。何のために、子どもたちにスポーツ活動をさせているのか。私は、子どもたちの、この先の人生の楽しみのひとつがスポーツであってほしいと願っている。もちろん社会に出て仕事を得ることも大事だが、仕事以外に、からだを動かすことを知っていたら、そのスキルを身につけていたら、人との関わりが苦手でも、突破口《とっぱこう》が開けるかもしれない。人との関わりが広がるかもしれない。

飛騨シューレでのスポーツ活動をしばし覗《のぞ》いた大人は、学校や家庭とは違う、もっと輝いた子どもの姿をそこに確認したはずだ。体力向上や健康増進もさることながら、人生の糧《かて》としてのスポーツ、という考え方は大切だと思う。

スポーツは、人を変えるかもしれない。潜在《せんざい》能力を引き出すかもしれない。子どもたちがこれから経験する、いろいろな困難を解決してくれるかもしれない。スポーツに励《はげ》まされることがあるかもしれない。

だから、すべての子どもたちに、自分に合ったスポーツを見出《みいだ》してほしい。そのために大人は、子ども一人ひとりをよく見て、その個性を一番に重んじ、子どものこころと向き合い、からだに相談しながら、スポーツ指導をしなければならないのだ。

ところが現実には、大人が入ることで、スポーツが別物になってしまっているのではないか。大人が「ルール」になり、大人が「勝ちたい」と思い、大人の都合で子どもを評価し、動かしていないだろうか。

2 大人の役割

「勝ちたい」のは大人の都合

もう一度考えてみよう。もう一度確認してみよう。

スポーツ活動のために子どもの生活リズムがおろそかになったり、からだやこころが傷ついたりするのはなぜか。それは子どもの都合よりも、大人の「勝ちたい」という思いが優先されているからではないか。

練習しなくては勝てない、練習時間が惜《お》しい。だから、夜遅くまで練習しても気にならない。大人は自分の勤務《きんむ》時間をもとに、活動時間を設定する。しかし、大人の睡眠不足と子どもの睡眠不足とは、全く質が違う。たっぷりの睡眠時間があってこそ出る成長ホルモンで、子どもは育つ。それを知らない大人は、子どもの睡眠時間など考えない。食《しょく》はからだの基本であり、手づくり料理を適切な時間帯によく噛んで食べることが重要なのに、そんなことにはかまわず練習時間を設定する。

子どもたちに基本動作が身につかないのも同じ理由だ。大人の「勝ちたい」気持ちが先走り、技術習得に走るあまり、その子の持つ身体能力を最大限伸《の》ばすトレーニングや、年齢に合わせた体力づくりを端折《はしょ》ってしまう。11歳までは巧《たく》みさの向上、12歳から14歳までは粘《ねば》り強さの向上、15歳以上で筋力の向上、という発育・発達の原理を知らずに、小学生に必要のない筋力トレーニングや、根拠のない持久走を強いる。

知識を持って指導しないと、基本的なからだの動きができなかったり、ケガを呼び込んだりするのだが、そのことを知らない大人が多すぎる。行き過ぎの指導が、スポーツ傷害・障害やこころの病気として、子どものからだに一生付きまとうかもしれないのだ。もし、そういう大人が指導者だとしたら、子どもは、スポーツで不健康になってしまう。スポーツで心身を壊してしまう。

スポーツ指導者の中には、自分自身が「勝ちたい」、「選手の記録を伸ばしたい」と思っている人が、決して少なくない。そこには「選手」＝子どもの思いはない。いや、「子どもたちを勝たせたい」のだと、いかにも子どもが主役のように表現する指導者もいるが、これはゴマカシではないか。負けたときの悔《くや》しさも、子どもたちを成長させる。スポーツが子どもたちに与えるものを真剣に考えているならば、負けたっていいと思えるはずなのだ。

1点も取れなかった相手から1点を奪《うば》う。自己新記録を出す。「勝つ」以外にも、いろいろな目標がある。それは、子どもから発した目標であるべきで、大人が決めるべきものではない。そこが理解されていないから、間違いが生じてくるのだ。

大人が勝手に「勝ちたい」と思っているから、それができないと腹を立てる。腹が立てば、大声が出る。怒る。そして手が出る。大人のわがまま、自己満足、自己中心的な考えで、子どもを指導するなどもってのほかだ。

誰が子どもをスポーツぎらいにするのか。それはもう、大人がしていると言わざるをえないだろう。大人は反省をし、これからどうするべきか、じっくり考え、行動に現さなくてはいけない。

部活の意義は?

こうした「勝利至上主義」の影響は、指導者の姿勢だけでなく、子どもとスポーツのあり方全体に関わっている。

2013年に、長野県教育委員会が、中学校での始業時前の部活練習（アサレン）を原則的に禁止すべきとの指針を出して話題になった。私が聞いた話では、ある県の教育委員会は「アサレンは運動部の悪《あ》しき伝統」と言い、別の県の教育委員会は「アサレンを中止したことで、成績が上がり、朝ごはんを食べる子どもが増えた」という見解だったそうだ。

しかし、ちょっと待って……。部活は確か、教育の一環《いっかん》としての位置づけがなされているはず。であれば、アサレンも教育であり、むしろ奨励《しょうれい》されるべきではないのか。アサレンは何のためにするのか、その意義や役割が、違う方向へ向いてしまっているので、百害あって一利なしと評価されてしまうのではないか。

朝6時に起きて、朝食をしっかり食べる。6時半過ぎに自宅を出て、徒歩で学校へ。グラウンドに出るのが7時ぐらい。予鈴《よれい》が鳴る7時50分まで、自分で決めた活動メニューをこなす。朝の清々《すがすが》しい空気の中、小鳥の鳴き声を聞きながら走る。アサレンの後、着替えて教室へ。早く席につき、後から来る友人たちを「おはよう」と迎える。これは中学時代の私のアサレン。

高校時代は、ほとんどの部活がアサレンをしていた。それでも、ほとんどが志望大学に合格していた。私たちのアサレンは、一日の始まりに、「さあ、行け！」とばかり、心身に活《かつ》を入れる瞬間だった。それにより、その日が充実する、という思いがあった。

ところが、今のアサレンは、「勝つ」ための練習時間の延長になっているのではないか。そのせいで、アサレンの意義に反するような指導がはびこり、問題を生じているのではないか。アサレン禁止の言いぶんは、遅寝《おそね》早起きによる睡眠不足、アサレンの疲労による心身へのマイナス効果。それが、授業中の集中力の欠如《けつじょ》や、不規則な食事や偏食《へんしょく》につながっているという。でもそれは、アサレンそのもののせいではなく、未熟《みじゅく》な指導方法が原因だと私は思う。

スポーツは心身の解放であり、からだを動かすことによる疲労は、プラスのストレスになるべきものだ。そして、いかに疲労回復を早め、次の身体活動（練習）に向かうかが重要だ。疲労を引きずったままの身体活動（練習）は、百害あって一利なし。指導者はいかに心身の疲労を取り除《のぞ》き、効果的な練習をおこなうかを知るべきなのだ。

からだが疲労困憊《こんぱい》していては、いくら練習時間を増やしても効果は上がらない。さらに、スポーツに思考力、洞察《どうさつ》力、応用力は不可欠だ。こころが疲弊《ひへい》していては、頭は働かない。

もちろん、アサレンの是非《ぜひ》を考える以前に、部活全体の時間配分、練習方法、指導方法を考えなおすのが先なのは言うまでもない。

また、アサレンは対象年齢を選ぶことも必要だと思う。小学生のスポーツ現場でもアサレンがあると聞くが、これは指導者の無知の現れだ。子どもの心身の発達を考えれば、小学生にアサレンはいらない。

良い指導者の条件

大人の「勝ちたい」という都合ではなく、子どもの目標・個性（性格）に合わせて指導すること。それが、子どものスポーツ活動に関わる大人の条件だと思う。指導者のあり方が変わらなくてはいけないのだ。

日本では、指導者のことを「先生」と呼ぶ。「監督」という呼び名も日本独特のものだ。日本以外の国々では、指導者は「コーチ」であり、監督は「ヘッド・コーチ」と呼ばれるのが常だ。日本には定着していない「コーチ」だが、実は、指導者をコーチと呼んだほうがいいことが多い。そのほうが、スポーツ指導における大人の役割が明確になるからだ。

「コーチ」（COACH）のもともとの意味は「馬車」。馬車の役割は、乗る人の希望で、ある地点から別の地点まで、その人を運ぶことだ。これはまさに、「正しい指導者のあり方」を示している。子どもが「ここまで到達したい」というところまで連れて行く。持ち前の能力を生かす。力を伸ばす。その役割を果たすのがコーチなのだ。

ちなみに、男子ハンドボール・日本代表監督を務《つと》めた酒巻清治《さかまききよはる》さんから、こんな話を聞いた。「子どもにスポーツを指導するとき、coachingなのか、teachingなのか、指導する大人は、そこの見極《みきわ》めをしっかりするべきです。最初の段階、つまり基本基礎を身につけるまでは、ティーチング。基本基礎があって、次からがコーチング。こういう位置づけをしたほうがよいのではないかと思います」

子どもの能力を生かせる指導者は、一人ひとりの子どもをよく見て「声がけ」をする。

保育園年長と小学生を対象に、バスケットボールを使った「ボール遊び」教室を飛騨で開いたときのこと。参加者の中に、中学校へ進んだらバスケット部に入りたいという6年生の女の子がいたのだが、シュートがなかなか入らない。

その様子をじっと見ていた女性がいた。スタスタと女の子のそばに寄り、ひと言いってシュートをやってみせた。女の子はうなずき、シュートをする。スッと入った。何度もくり返してシュートをする。入る、入る……女の子の顔が輝いた。

この「ひと言」をその女性に聞いてみた。「シュートの回転が逆だったので、ゴールに当たって強く跳《は》ね返っていました。手前に回転するように投げてごらん、とお手本を1回見せただけです。見事なシュートでしたね」。さて、この女性は……日本で初めてWNBA（アメリカの女子プロバスケットボールリーグ）選手になった萩原美樹子《はぎわらみきこ》さんだ。

この「ひと言」はすごかった。中・高校生なら、ボールの回転によってシュートが決まらないことがあるのは知っているだろう。しかし、バスケットをよく知らない小学生には、そこまで考えが及《およ》ばない。「できるようになるひと言」も、指導者には大事な手持ち札《ふだ》だとつくづく思った。

子どもに合わせた指導

子どもたちを指導するコーチがしなくてはいけないことのひとつに、「観察」がある。子どものスポーツ活動中の動き、眼つき、言動などをよく見て、子どもの心身の変化を見極める。少しでもオカシイと思ったら、すぐに対処《たいしょ》する。からだだけでなく、こころもだ。

子どもとスポーツの関わりで、一番大切なことは、競技力向上ではない。子どもたちが、安全に、安心してスポーツに親《した》しむことができるかどうかだ。安全管理は大人の仕事だ。

子どもたちが安心してスポーツに取り組めば、楽しい気持ちが生まれる。楽しくなれば、好きになる。好きになって、やっと次のステップで、「勝ちたい」「もっとしたい」意欲が出てくるのだ。

そのためには、子どものからだとこころの発達に合わせたスポーツ指導の知識が不可欠だ。くり返すが、子どもは大人を小さくしたものではない。骨や筋肉、内臓の働き、脳と神経系、持久力に関わる最大酸素摂取量《さんそせっしゅ》などが、成長段階でどのように変化するのかを知っておくべきだ。

身長の発育が最も大きい時期を、身長発育速度ピーク年齢（ＰＨＶ年齢）と言う。女子では10・6歳、男子では12・8歳とされている。体重については、男子はこれとほぼ同じだが、女子は1年後となる。体重は、骨格《こっかく》、筋肉、脂肪《しぼう》、内臓や血液、水分など、からだを構成するすべてのものを総合した重さを表している。筋肉や骨の発達には性ホルモンが大きく関わることを考えると、思春期に大きくからだが変化することがわかる。

子どもの発育発達を言うとき、よく、「スキャモンの発育曲線」が引き合いに出される。子どもが成長していく中で、器官や機能はそれぞれ別々の発達をしていく。つまり、ある動作を習得するのにも、吸収しやすい時期としにくい時期があるということだ。

これを見ると、神経系は、生まれてから5歳頃までに80％の成長をし、12歳でほぼ１００％になる。この時期は神経系が特に発達するので、いろいろな神経回路へ刺激を与えるような「動き」をさせてやれば、それが、その子どもにとっての基盤《きばん》となる。そして、

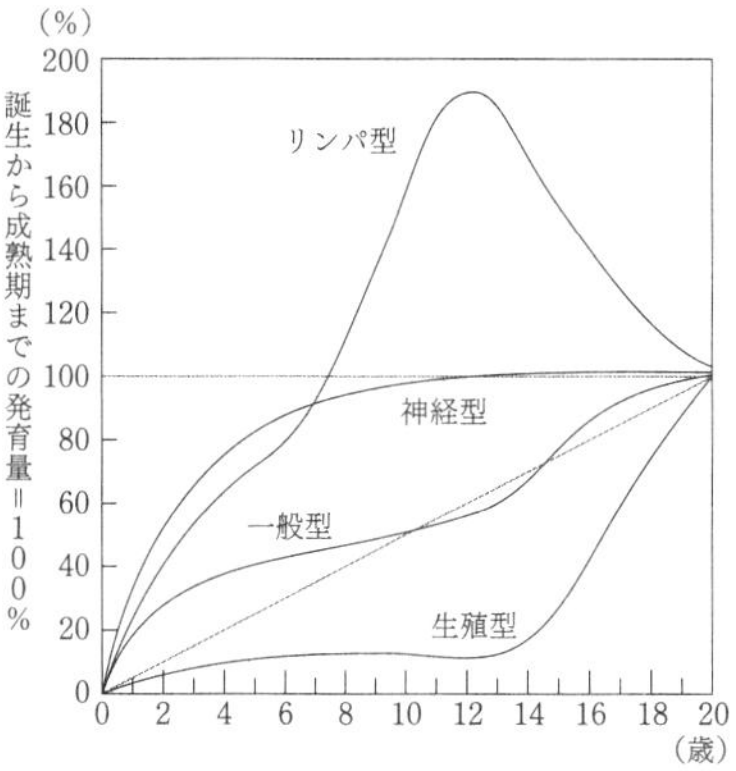

スキャモンの発育曲線

いったん習得した動きは、からだから消えることがない。

発達段階ごとの活動内容

具体的に言えば、5、6歳から12歳までは、スポーツの基礎づくりから技術を身につけるのに、最も大切な時期と言われている。逆に、この年齢の間にスポーツに対しての「嫌悪《けんお》」や「苦手意識」も植えつけられるので、大人たちの指導手腕がたいへん重要になる。

5、6歳から8歳まではプレ・ゴールデンエイジと言われ、人間の成長の中で最も神経系が発達する。この時期は、新しいものにどんどん興味が移っていき、集中力が続かない。しかし、これは自然の要求であり、刺激を求め、じっとしていられない状態でもある。

8歳頃からは、言葉の発達からセルフコントロールができるようになる。したがって、この年代には、技術にこだわらず、いろいろな「遊び」をたくさん経験させたい。おにごっこ、ボール遊び、木登り、縄跳《なわと》び、ドッジボール、マット運動、スイミングなど。音に合わせた動きをさせるのもいいとされている。

9歳から12歳頃にかけてはゴールデンエイジとされ、からだを上手に動かしたり、からだの個々の動きをコントロールしたり、ということができるようになる。相手や用具を使うことがうまくなり、動きを先取りできるようになる。また、新しい動きでも、何度か見れば、できるようになる。大人がおこなうようなスポーツ（種目）そのものではなく、そのスポーツにつながる遊びやゲームをたくさんさせたい。特定の種目だけでなく、いろいろな種目を、子どもに合わせてアレンジしながら、経験することが大切な時期でもある。たとえば野球なら、バットは卓球ラケットやテニスラケットに、ボールはゴム製やスポンジ製のもの、グラブは使わず素《す》手《で》や軍手を使うなど。勝ち負けや技術重視ではなく、「楽しく遊ぶ」が大前提だ。

中学校に入ると、心身の発育発達がスパートすることで、今までできたことができなくなったり、新しい動きを数回見るだけでは実行が難しくなったりする。これは、「できる」「できない」や「好き」「嫌い」を、感覚ではなく、頭で考えてしまうようになるからだ。思考力が深まることは、心身の発達の賜物だが、それが「苦手意識」や「不可能」という認識を助長させてしまう恐《おそ》れがある。子どもたちは、指導者に理論的な説明を求めるようになる。当然ながら指導者は、理論的に説明できるよう、知識が必要になってくる。実技だけでなく、納得させるだけの「理屈」がいる。これをプラスに取れば、子どもに対して、「考えながら」からだを動かすことの習慣づけができる時期でもある。

また、女の子に関しては、無理なトレーニングや体重制限が引き起こす弊害の可能性も知っておくべきだ。現場には、女性の指導者もいるにこしたことはない。特に、月経についての知識や対応、スポーツ時の下着の仕様など、女の子が安心・安全にスポーツ活動に携《たずさ》わるには、指導者側に十分な知識や細心《さいしん》の気づかいがいると思う。男性指導者が、からだの生理的な事柄《ことがら》を尋ねたり、身体の線（ライン）にこだわる発言をしたり、安易な思いで接触してしまうと、子どもたち側に立てば、まさにセクシュアルハラスメントになることが少なくない。

とにかく、忘れてはならないのは、人間には早熟《そうじゅく》と晩熟《ばんじゅく》があること、「こころ」が存在すること、すべて同じではないことだ。特に子どもは、感情や思いが表に出にくい。口で言わないことがある。気持ちは「NO！」でも、そぶりや発言は「YES」ということもあるのだ。通り一遍《いっぺん》の指導ではなく、「子ども一人ひとりは違う人格である」ことを十分わきまえてスポーツ指導にあたるべきだということを、念押《ねんお》ししたい。

理《ことわり》と思いやりを教えるのもスポーツ指導

スポーツは、相手がいなくては何もできない。相手を重んじる気持ちがなければ、フェアプレイはない。ルール違反同士であれば、審判は不要だ。もはやそれはスポーツとは呼ばない。ただのケンカだ。人権意識の低い大人が教えているのは、ケンカに過ぎない。

「馬鹿」「へぼ」「やっつけろ」とわめく大人たちの言葉は、まるでケンカでのやり取りだ。

そういう言葉がある場はスポーツではない。もし、試合の場面で、子どもたちが汚い言葉で罵《ののし》り合っていたなら、大人は当然注意すべきだ。ところが、肝心《かんじん》の大人が、スポーツの場面で、汚い言葉を率先《そっせん》して使っているのだ。

スポーツの場面ではないが、カナダ・トロントの小学校に授業研究のため通ったことがある。教師の言葉づかいは、丁寧かつ美しかった。校長の考えが「言葉づかいは人格を表す」だったからだ。子どもたちの使う言葉が、正しい言葉づかいから少しでも外れると、その場できちんと直された。子どもたちも素直に訂正《ていせい》していた。それが子どもたちへのモラル教育であると感じた。

スポーツも同じではないだろうか。いかなる場においてもきちんとした言葉づかいができる大人は、信頼のおけるスポーツ指導力を持つ、と判断してよいと思う。

飛騨シューレが主催している「グッドコーチング・ワークショップ」で、剣道の全日本選手権優勝者の近本巧《ちかもとたくみ》さんに来ていただいたときのこと。近本さんが開口一番、子どもたちに教えたのは、「正座」と「座礼」の仕方だった。その次は、防具の置き方、竹刀《しない》の置き方。あとは足さばき。これだけを、くり返し、くり返し、子どもたちに伝えた。

引率《いんそつ》の大人たちは、「勝ち方」「技術」を教えてくれるであろう、と期待していたに違いない。ところが、近本さんが子どもたちに指導したのは、徹底した「基本の基」だった。

武道は礼に始まり礼に終わる、とよく言われる。近本さんは、その「実《じつ》」を、子どもと大人に問いたかったのだと思う。正座と座礼が意味するもの、用具の扱い方、これがわからずして、剣を扱うに至らず。大人たちは、あわてて子どもたちに寄り添って習っていたが、「礼節」とは何か、剣道をする前に必要なこと、大切なことを、近本さんは伝えてくださったと思う。

日本社会では、「体育会系」という言葉が使われる。特に、先輩後輩のタテ関係に「あいさつ」が関わる。女子バスケットの国体優勝経験があるチームの監督である安江満夫《やすえみつお》さんは、「先輩後輩はナシ」にしているという。1年か2年、先に生まれたからといって、先輩と呼ぶのはオカシイ。先輩というのは人生経験を積んだ人に対して使う言葉であって、選手同士が使うのは奇異《きい》だという。なので、上級生からの無理強《じ》いはない。コートネームで呼び合い、全寮制の選手たちは「姉妹」という意識で日々生活している。当然、チームワークが築《きず》かれる。姉妹であれば、思いやりもひとしおであり、あいさつもこころがこもる。こころが入ったあいさつが日常的に身につけば、社会に出ても困らない。こちらも近本さんと同じく「実」を重視した指導なのだ。

暴言暴力、ハラスメント

スポーツ指導者の最悪の例として、暴言暴力・パワーハラスメント・セクシュアルハラスメントのことを取り上げないわけにはいかない。特にタチが悪いのが、いわゆるカリスマコーチだ。

試合で負けると、試合に出たメンバー全員、髪をつかまれコート中を引きずりまわされる。言われた通りのプレーができないと、両頬《ほお》ビンタ。「返事がない」「目線を合わせない」と言いがかりをつけられ、水が入ったペットボトルで殴られる……。世間の人々が聞けば眉《まゆ》をひそめる行動だが、スポーツ現場ではいまだに暴言暴力が続いている。

なぜか。特に地方では、指導者が井の中のカワズ化し、「自分が正しい」という思い込みが強くなり、周囲も「勝たせてくれるカミサマ」と崇《あが》め奉《たてまつ》るからだ。このカリスマコーチがクセモノであり、暴言暴力・パワーハラスメント・セクシュアルハラスメントの大根源なのだ。

カリスマコーチのタチの悪さはどこにあるかというと、徹底的に自己中心型なところだ。「勝ちたい」「記録を出したい」気持ちが強い指導者が、悪スパイラルに入り、暴言暴力が「普通」になる。選手を私物化していくので、「何をしてもいい」。必然的にパワーハラスメント・セクシュアルハラスメントが起きる。そこに、選手の人権はない。

選手を操《あやつ》るのは自分だと信じ、勝利で得た利益はすべて自分のものと思う。だから、「負け」とか「ミス」「不出来」に対する反応は強い。なぜなら、それが自分の不利益につながるからだ。スポーツ界の利害関係に足を突っ込むと、欲は際限《さいげん》ない。

その一端《いったん》を担《にな》うのが、メディア悪だ。勝つ↓メディアで取り上げる↓有名になる↓周囲がチヤホヤする↓勘違いが始まる……。メディアもカリスマコーチの悪スパイラルに大きく関わっていることを、世間は知るべきだ。

スポーツ現場は、セクシュアルハラスメントを「愛情」だと誤認《ごにん》する。

「何もしていない」、「全くその気はなかった」、「嫌《いや》がっているとは思わなかった」……。指導者からの性的嫌がらせを被害者が告発した後の、加害者の声だ。

私がスポーツ界のセクシュアルハラスメントを世に問うたのは、今から20年近くも前のことだ。当初、「そんなことはあるはずない」、「ばかばかしい」、「ウソだろう」という声のほうが圧倒的だった。「僕らはちゃんと指導しているのに、そういうことを言われては甚《はなは》だ迷惑だ」と、知らない人から電話がかかってきた。この問題を扱ったがために、取材を拒否されることもままあった。ある競技団体からは、「あんなこと、書かないでくださいよ」と言われた。

一方、「ずっとオカシイと思っていた」、「NO！　と言えなかったのが悔しい」、「やっぱり、あるんですね」、「もしかしたら、私も被害者では……」という声が出てきたことも確かだ。

ある高校教員が、強制わいせつ罪で起訴《きそ》された。法廷《ほうてい》での、指導者とその取り巻きの証言は、一般社会では通用しない内容だった。その教員は部活顧問（監督）で、合宿の折、女子選手の部屋で女子選手の布団の中に入って寝ること、練習の合間にデリケートな部分への執拗《しつよう》なマッサージをくり返すこと、卑猥《ひわい》な発言をすることなどは、日常茶飯事だった。そのことを検察が追及すると、加害者側の証言台に立つ人々のほとんどは、「熱心な指導者」、「悪意はない」、「(その種目の)道を極めた立派な人」と擁護《ようご》し、犯罪ではなく指導だ、と加害者を正当化した。証言者の中には教員もいた。保護者たちは、加害者の無罪を訴える署名《しょめい》集めに奔走《ほんそう》した。

被害者の女生徒は、教員や部活育成者やOBから「問題児」扱いされ、教室では同級生から蔑視《べっし》され、学校へ行けなくなり中退した。その後も被害者はPTSDで苦しんだ。正しいことを主張した被害者が、逆に悪者にされてしまった。この裁判は、スポーツ界のセクシュアルハラスメント禍《か》の典型だ。

スポーツ現場でセクシュアルハラスメントがあること自体、言語道断だ。スポーツは人格形成に役立つとうたわれるが、悔しいことに日本のスポーツ社会には、くさいものには蓋《ふた》、出る杭《くい》は打たれる、NOと言えない社会、という現実もある。子どものスポーツ活動に関わる大人は、きちんとこの問題に向き合わなければならない。

3　子どもがスポーツ好きになるスポーツ活動とは

それでは、子どもがスポーツを楽しめるような活動とは、どういうものだろう。この後、超一流コーチたちのスポーツ指導実践《じっせん》を紹介する中で、だんだんおわかりいただけると思う。ここでは、私が取り組んでいる飛騨シューレの様子の一部を紹介しておきたい。

「できた！」を体感するキッズテニス

飛騨シューレのキッズテニスは、室内にある多目的ルームでおこなうのが特徴だ。外の広いテニスコートは、「外に出るのがメンドクサイ。冬の寒さがイヤ、夏の暑さがイヤ」を助長する。室内なら、こういうイヤな条件を払拭《ふっしょく》しつつ、目が行き届く。

しかも、靴を脱ぎ裸足《はだし》で動くので、足元が安定する。足元の不安定は、子どもたちに不安を呼び込む。こんなふうに、スポーツぎらいの子どもの「イヤ」を、ひとつひとつ丁寧に取り除いていく。

からだを動かす最初は、ハイハイ、ヒザをつかず腰を上げて前進する高ハイ、上向きで寝転がって背中で前進する、うつ伏せで腕を使って前進、後ろ向き歩き、そして笛吹きダッシュ（笛1回は前へ、2回はストップ、3回はバック）をくり返す。ここまでがウォームアップ。

いよいよテニスラケットを持つのだが、シューレ式キッズテニスは、背の高さでラケットの大きさを決め、ボールを5種類準備する。スポンジボール、柔《やわ》らかいボール、ちょっと硬《かた》いボール、だいぶ硬いボール、硬いボール。上達度とともにこの順番で進めていく。用具の工夫は、「初めの一歩」には重要だ。

ラケットの上でボールを空中へ上向きでつく。次はラケットの裏面と表面を使ってつく。今度はボールを下向きに、床へバウンドさせつづける。てまりのようにボールをラケットで弾《はず》ませ、くるっと片足を上げてくぐらせる。「ムリ〜」「できない〜」と言う子どもたち。しかし、子どもたちの訴えは聞かぬふりをして、そのまま続けさせる。

そのうち、ある子が「1回できた！」と言いだす。私「そう、1回できれば2回できるよ。3回できれば4回できる！」と励ましの声をかける。「ほら、できなくないよね。やればできる。やろうとすればできる」と子どもたちに言いつづける。

すると、本当にできるようになるから不思議だ。

ラリーでコミュニケーション

次は、2人での赤ちゃんラリー。小さく小さく、ラケットでワンバウンド打ちしながら、相手とボールをやり取りする。ラケットは、ボールを下手《したて》投げするように振る。ボールが上へ上へ行くように……子ども「どうして?」私「もうすぐわかるよ」。

それから、ネットを張る。ネットを張れば、上へ上への意味がわかる。だってネットに引っかかっちゃうから。「あ、そうか」と子どもは納得。

だんだん慣れてくると、子どもはラケットを斜交《はすか》いに振りはじめる。でも、これはNG。あくまで「ボールを投げる」ように振る。

さらに慣れてくると、赤ちゃんラリーがもどかしくなり、サボるようになる。「こんなこと、意味ないじゃん。上手くなってるんだから、遠い距離でのラリーのほうが、もっと上手くなるじゃん」。これは誰でも思うこと。でも違う違う、そうじゃない。私「上手なお友だちほど、赤ちゃんラリーが上手なんだよ。実は赤ちゃんラリーは、とっても難しい。ボールのコントロールができないと続かない。本当に上手なお友だちは、長く長く、いつまでもラリーが続けられるんだよ」。

さらに、「それからね、小さい子や、初めてのお友だちや、うまくラリーができないお友だちと一緒にラリーをして、できるだけ長くラリーができることこそ、本当に上手ってことなんだよ」と言う。

自分中心で、自分さえ勝てればいいと、パシンとボールを打つのではなく、お友だちが取りやすいボールを出してあげる子が上手。長くラリーが続くのは、自分が上手なのではなくて、相手になってくれるお友だちが、打ちやすいボールをくれるから。お互いが相手を思いやるからこそできる。そういう「理屈《りくつ》」を、子どもたちにくり返し伝える。

「テニスをするのに大切なのは、上手になって勝って勝って、選手になることではないんだよ。お友だちといかに長くたくさん、ラリーを続けることができるか、なんだよ」。これが、キッズテニスの一番のポイント。そのためには、仲間同士のコミュニケーションや、人との関わり方が重要になってくる。子ども社会にも、それなりに上下関係や好き嫌いがある。その中で、いかに仲良く時間を過ごすかが、子どもに必要なことだと思うのだ。

子どもがつくるゲーム

飛騨シューレのキッズテニスは、多いときは20人以上の子どもたちが一緒にテニスをする。年齢もバラバラだ。高学年の子どもたちに私がいつも出す宿題は、「さて、どうしたら、みんながら助け合いながら、楽しい時間を過ごせるでしょう」。

彼らは、1年生から3年生、そして保育園年長組の面倒をみながら、自分たちがそれぞれしたいテニスをする。ラリーの途中で小さい子が入ってきたら、テニスもどきを教え、一緒にプレーする。必ずしも2対2ではなく、4対2とか3対1のゲームをつくってしまう。ボールとラケットを使って、野球やら玉入れやら、自分たちで考えた「遊び」を始める。

子どもがスポーツと関わるというのは、こういうことではないか。子ども一人ひとりが持つ身体的な才能を伸ばす、精神的に成長するというのは、こういうことではないか、と私は思うのだ。

私はテニスのカウントの取り方も教える。それを子どもたちが「遊び」風につくり変えていく様子を黙《だま》って見ているのだが、それはそれは見事に遊びに変換《へんかん》していく。

水泳とスイミング

「スポーツが苦手」「スポーツが嫌い」な子が、スポーツを大好きになる方法が、シューレにはもうひとつある。スイミングだ。泳げない子どもは、「水が嫌い、水が怖《こわ》い」の問題を解消すれば、まるでお魚さんのように泳ぎまわれるようになる。

ちなみに、水泳とスイミングは同じなのだが、子どもたちは、学校でやっているのは水泳、シューレでの泳ぎはスイミング、と思っているらしい。ここでも、そういう使い分けをしようと思う。

飛騨の子どもたちにとって、水泳は「スポーツ」ではないようだ。いつでも泳げる温水プールがない彼らにとって、冷たい水に入ることは「苦痛」以外の何物でもない。泳げる時期は7月中旬から8月中旬。旧盆《きゅうぼん》を過ぎると、空は高く、ススキの穂《ほ》が白くなりはじめ、萩《はぎ》が咲く。真夏でも、雨が降れば寒い。寒いけど、夏休み明けには「泳ぎ具合の検定」がある。子どもたちからすれば、ガタガタ震《ふる》えながら泳がされる「水泳」は、好きになれるはずがない。

しかし、泳げることは、生きるうえでとても大切な身体技能だと私は思うので、飛騨の子どもを全員泳げるようにしよう！　というとんでもない試みを、8年前から始めている。称《しょう》して「夏休みキッズスイミング」プログラム。クラス分けが2つ。ひとつは「泳げない子」「水が怖い子」向け、もうひとつは、「水は怖くないけど、息継《いきつ》ぎができない子ども」向け。その子らを、25メートルのみならず、何メートルでも泳げるようにするのが最終ゴールだ。

3日で1プログラムをおこなう。水が嫌いな子どもたちが、3年目には、スイミングの達人になっている。

必ず泳げる！

そのためには、丁寧に順番をふまないといけない。まずは、とにかく水と友だちになる。次に、魚のように自由自在に水の中で動けるようになる。ここまでがたいへん重要だ。そうすると、モドキ泳ぎができるようになる。

それから、クロールか、平泳ぎか、背泳ぎか、犬かきか、はたまたバタフライ風オリジナル泳ぎか、どれをマスターしたいか、子どもたち自身で選び、その「コツ」を伝える。

あとは、「必ずできるよ」と念押しし、元気づける。「泳げるようになりたいなら、いっぱい練習するんだよ」だけの助言をする。上手く泳げなかったら、（私に）聞くこと。どういうことができないか、どういうところがわからないか、知りたいかを考えて聞くこと、と条件をつける。これをくり返すと、不思議と泳げるようになる。

そして、「何メートル泳ぎたい」という目標設定を、子どもが自然に自ら立てるようになる。こうなれば、好きなだけ泳げる努力を自ら始める。

参加する子どもたちに、最初に言う言葉もポイントだ。「誰でも泳げるんだよ。だって、ママのお腹《なか》にいるときは、みんなお水の中でプカプカ浮いていたんだからね」。子どもたちはこのひと言で「えっ!!　わあっ!!」と気持ちが右肩上がりになる。

ゴーグルは、最初はつけない（目の衛生《えいせい》上はつけさせるべきだが、ちょっと待って）。子どもたちはブーイング。やる気も停滞《ていたい》。しかし私はひるまず、「あのね、もし川へ落ちたら、みんなゴーグルつけてる？ 毎日学校に行くとき、ゴーグルつけてる？ つけてないよね。だから、ゴーグルなしでお水に慣れることも大切なんだよ。どうして泳げるようになるといいか、知ってる？ お水と遊べるようになるのが一番楽しいね。もうひとつ、自分の命を守ることができるからだよ。泳げれば、お友だちの命を助けることもできるかも」。これで、子どもたちに使命感が芽生《めば》え、俄然《がぜん》やる気が出てくる。

水の達人になる！

さて、プログラムの導入、水と友だちになるには、キッズスイミング体操をする。小さいプール（深さは大人のヒザ丈《たけ》）で、参加者全員一列に並ぶ（15人が限度）。動きの距離は、長方形プールの短い辺。これは、毎回、泳ぐ前にする体操だ。

- ウォーキング……水の中で、大きく手を振って、ヒザを高く上げて歩く。
- ジョギング……手をつないで走る。
- 追いかけっこ……レディ・ゴー！ で、プールのサイドからサイドへ子どもたちが逃げる。

ワニさん歩き

それを私が追いかける。

●カエル歩き……両手・両足をプールの底につけて歩く。

●ワニさん歩き……腹ばいになり、手だけを使って前進。バタ足はしない。

●ウーウーサイレン……ワニさん歩きをしながら、鼻の下まで水の中に入れ、ウーウーと言いながら前進。

●ブーパッ体操……「ブー」でおでこまで水に入れ、「パッ」で顔を上げる。これをくり返す。

子どもたちがノッてきたところで、ゴーグルをつける。けのびはなし。バタ足もなし。ビート板も一切使用しない。ウーウーサイレンとブーパッ体操は、息継ぎのコツだ。これをくり返しやり、身につけさせる。そのうち、クロールのような、平泳ぎのような、背泳ぎのような、溺《おぼ》れそうで溺れない、モドキ泳ぎができるようになる。

そう、参加するほとんどの子どもたちは、3日のうちにここまで到達《とうたつ》してしまう。そして次の夏、3日間で、長方形プールの短い辺の端《はし》から端、あるいは長い辺の25メートルが泳げるようにもっていく。さらに何メートルでも泳げるコツを身につけさせる。

3年目以降の子どもたちは、もう自己満足の領域《りょういき》に入っている。カナヅチの子どもが「スイミングの達人」になるのだから、子どもながらに自信がついて、人生観が変わるらしい（ちなみに、水泳が不得意な子どもは、学校で消極的だったり、恥ずかしがり屋だったり、自己表現が苦手な場合が少なくない）。

加えて、水と友だちになった子どもたちは、少々の低温でも寒がらない。泳げないと寒い、泳げれば寒くない、という定理を発見！　これは、夏が短い飛騨ではたいへん有効で、水に対する嫌悪感が完全に払拭される。

「できない」からこそわかる気持ち

「できない」子ども側に立って考えるのは、とても大切なことだ。スポーツを伝えるとき、必須《ひっす》の視点だと思う。むしろ、「できない」子どもから、大人が教えられると言っても言い過ぎではない。

どうしてこのスイミング・プログラムを思いついたかというと、私は子どもの頃からぜんぜん泳げなかったからだ。水が怖い。水が嫌い。水泳の授業は、何かと理由をつけてはサボった。有名なスイミングスクールを転々としたが、ダメだった。だから、「泳げない」「泳ぎたくない」

子どもの気持ちがよくわかる。

その私がなぜ、泳ぎが好きになったのか？　それは、いい年になってからだが、トライアスロンのレースに出たかったからだ。教えてもらったコーチが良かった。1カ月で1キロ泳げるようになった。

泳ぐことがこんなに楽しいとは思わなかった。泳げるようになったらうれしくて、泳いでばかりいたら、両ヒジが腱鞘《けんしょう》炎にかかってしまったくらいだ。腕が動かず、箸《はし》が持てず、完治《かんち》するまで1週間、ろくに食べられなかった。食べられなくても泳げればいい、というほどになってしまった。

泳げるようになったら、今まで見えなかった世界が見えてきた。非日常的な水の中で、自由自在に動けることのうれしさ・楽しさは、言葉にならないほど。しかも、それは誰もが得られるステキな世界なのだから、子どもの頃に知っておけば、この先良いことがいっぱいだ。

誰でもできるキッズテニス、誰でも泳げるキッズスイミングは、今やシューレならではのプログラムになりつつある。スポーツは苦手・嫌い、と思っていた子どもたちが「スポーツが得意・好き」になれる。同時に「自信」というステキなおみやげもついてくる。

II
一流コーチたちの実践紹介！

ソフトボール

すべてに通ずるキャッチボール

宇津木妙子さん
うつぎ・たえこ
（公財）日本ソフトボール協会副会長、東京国際大学特命教授、同大女子ソフトボール部総監督、ビックカメラ女子ソフトボール高崎・シニアアドバイザー、ＮＰＯ法人ソフトボール・ドリーム理事長。
１９９７年に日本代表監督に就任し、２０００年シドニー五輪銀メダル、04年アテネ五輪銅メダル獲得。同年、指導者としてＩＳＦ（国際ソフトボール連盟）殿堂入り。
★推薦ウェブサイト　ＮＰＯ法人ソフトボール・ドリーム　www.nposbd.com

宇津木妙子さんは、２０１３年からたびたび飛騨へ来てくださっている。「宇津木妙子杯６時間ソフトボールゲーム」のゲストとしてだ。飛騨地域はもとより、関東地方からも宇津木ファンがやってくる。

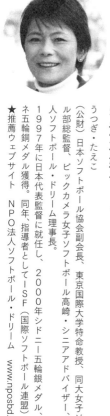

保育園児から小学生、中学生、高校生、大人、シニアまで、100名ほどの人々が紅白に分かれ、午前中から6時間、ソフトボールをしつづける。だいたいは80点台対70点台で勝負がつくのだが、それより参加者の「お楽しみ」は、宇津木さんのマシンガンノックを受けることだ。

指導者が率先して動く

参加者全員が、宇津木さんを取り囲《かこ》んでひとつの大きな円を描き、待機《たいき》する。一人ひとり順番に宇津木さんのノックを受ける。子どもたちには、「ほら、そこへ行くよ」、「もっと右」、「高いのだよ」と、あらかじめ、ボールのゆくえを伝える。しかし大人たちに対しては、どこへ飛んでいくかわからないボールを出す。

特に、ソフトボールの指導者たちには手厳しい。「どこ見てるんだよ！」「ほらほら、腰が高い！」「ちゃんと捕《と》って！」一人に対して2本3本連続して、弾丸《だんがん》ノックが撃《う》ち込まれる。指導者たちはヘトヘト。子どもたちに、「(指導者に励ましの）声をかけてやりな〜」と宇津木さんは言いつつ、指導者の失敗が続くと、むしろ難しい方向へボールをどんどん打つ……というのが、名物になってしまった。

「指導者のみなさん、あなた方は、いつも一方的にノックをして、捕れない子どもたちを叱るでしょ？　今日、あなた方は私のボールを捕れましたか？　私のボールを100パーセント捕れるんだったら、子どもたちを叱ってもいい。捕れないのに叱ってはいけませんよ。どうしてかって？　私の打つボールをすべて捕れるようになるくらい、あなた方はもっと練習しなくちゃいけないんです」。6時間の後、全員の前で宇津木さんがこう話す。恒例《こうれい》だ。

宇津木さんは、飛騨に滞在《たいざい》しているときも、早朝、散歩か軽いジョグをする。からだのコンディ

宇津木さんのマシンガンノックの輪

ションを整えるためだ。

デンと座って腕を組んで、練習を見ているだけ、申しわけ程度にノックして、ちょっとバッティングを教えておしまい、というのは「宇津木流ではない」という。選手だけが走るのではなく、自ら率先して走る。自分からどんどん動く。それを見れば選手は、「負けてはいられない」と思う。

「率先垂範《すいはん》」こそ、宇津木さんの信念だ。

キャッチボールの意味

「子どもとスポーツ」というと、大人たちは「試合」を頭に浮かべ、選手として「選ばれる子」「選ばれない子」にこだわる。ところが宇津木さんいわく、「本当に大切なのは、試合に出られない、選ばれない子どもが、どう生かされるか」。子どもにとってグッド・コーチかどうかの大きな判断材料は、一人ひとりの子どもたちがスポーツ現場で生かされているかどうか。満足感を持って楽しんでいるか、喜びを味わえたかどうかだ。

宇津木さんの口癖は、「ソフトボールは、誰もが一生楽しめるスポーツ」。子どものうちに「2つの基本」を身につけておけば、将来いつでもどこでも、ソフトボールの輪に加わることができるという。

ひとつは、用具の扱い方だ。ボールとバットとグラブをどう扱うか。持ち方から使い方まで、この段階でイヤにならないよう、安全に扱えるよう、わかりやすく伝えなくてはいけない。

もうひとつは、キャッチボールだ。いかに「相手がとれるボール」を投げられるか。一方的に投げるだけでは、キャッチボールは成り立たない。乱暴に投げてもダメ。宇津木さんは言う。「〝言葉のキャッチボール〟というたとえがありますが、キャッチボールはまさに会話。ボールで心の橋がつながります。子どもたちには、〝相手に思いやりをもってボールを投げれば、必ず長く上手に続くよ〟と伝えます」

こんなことがあったそうだ。2歳の子に5歳の子がボールを投げる。5歳は、どういうボールを投げれば2歳がとれるのか、考えはじめる。2歳も一生懸命、5歳にボールを投げようとする。

そうこうするうち、5歳は2歳に投げ方を教えはじめる。2歳は5歳の話をしっかり聞いている。まさに思いやりであり、先輩後輩であり、互いの慈《いつく》しみである。

宇津木さんは言う。「子どもたちを指導する大人たちは、見てくれの上手下手で判断したりせず、あるいは技術だけの指導に終わるのではなく、キャッチボールの意味を深く考えて指導することが大切だと思います。キャッチボールで養《やしな》われた心が、チームワークに大きく関わることを知らなければいけません」

技術は自然に身につく

子どもたちがある程度、打つ、捕る、投げる、の基本ができるようになると、ほとんどの大人が「技術」を教えようとする。しかし、宇津木流は、「技術は自然に身につけさせる」。

たとえば、ボールの投げ方。片足を前に出して、腕をこうやって……と教えても、子どもはわからない。ところが、紙飛行機をつくって飛ばさせれば、あっという間にボールを投げるフォームができる。

何度も紙飛行機を飛ばすうち、楽しみながら、知らず知らずのうちに、ボールを上手に投げられるような「形」ができてくる。そして、紙飛行機をボールに持ち替えれば、ポーンとボールは飛んでいく。ヒジはきちんと前に出るし、スナップも利《き》く。投げるタイミングとリズムが見事に身につく。

ピッチャーを割り当てた子どもにも、決して技術論から入らない。ボールを投げることの前に、「感性を磨《みが》く」ことと「考える力を身につける」こと、という2つのねらいを持つトレーニングをさせるのだ。

感性を磨くには、絵を描いたり、本を読んだり、音楽を聴いたりがいい。絵は、ちょっとしたイラストでもいいし、絵日記でもいい。本は、活字のある紙をめくって読む。「読んでわかる」という所作《しょさ》が大切だ。音楽は、気持ちを高揚《こうよう》させるのにも有用だが、できれば、静かに「聴く」という動作がいい。どれも、心を集中させ、気持ちを整えることができる。もちろん、強要するのではなく、日々の生活の中で自然に、というやり方だ。

考える力を身につけるには、大人は常に、「子ども（当人）はどう思うか」をうかがう。大人から何かを言う前に、子どもに考えさせ、自分の思いを言わせてみる。子どもが迷っているときも、すぐに答えを出さない。考えさせて、やらせてみる。ピッチングで腕の振り方がセオリーに反していても、ボールを捕るときのグラブの向きがおかしかったとしても、つまり、大人から見ると「えっ?!」と思うことでも、どんどんやらせてみる。失敗したら、決して怒らず、むしろチャレンジ心を褒める。失敗をくり返しながら、やっとできたとき、自分のものになる。失敗して得たことは、絶対に忘れない。

投げる・捕る・打つの指導

宇津木さんの、投げる、捕る、打つ、の指導は、とても細かいけど、わかりやすい。

ピッチャーのピッチングは、からだの使い方と呼吸がポイントだ。①足を出す→②胸を張る→③腹筋を使う、の3つを同時にこなす。そして、そのまま投球するのではなく、「あっ」と声を出してみる。つまり、息を吐く。

キャッチャーは、風船をボールに見たててのキャッチボールだ。両手で持つ、その姿勢とタイミングをつかむ。風船の大きさから、幼児用のボール、とだんだん小さくしていって、ソフトボール（一番大きくて柔らかいもの）にする。重量がかかり、球速が増していく。いきなり速くて硬いソフトボールを受けるのではなく、大きくて軽いものからなら、恐怖心は失《う》せる。最終的には、正確にパシッと受けとめられるようになる。

バッティングは、三角ベースで遊ばせれば十分だ、と宇津木さんは言う。軟式《なんしき》テニスのボールを素手《すで》で打つ。ボールのスピードを見て、自分との間合いを計り、タイミングを期《き》して「打つ」。これをくり返せば、バッティングの基本は身につく。

足を出す→胸を張る→腹筋を使う

ルールの指導は?

ところで、ソフトボールのルールはどう教えるのだろう。

ある中学のソフトボール部は、入部者の半数が初心者だ。「ルールを何回教えても覚《おぼ》えられない」というのが顧問の悩みだった。ボールを打ったら一塁へ走る、くらいはわかっても、守備でボールを捕ったとき、どういう状況ならどこへ投げるとか、どのポジションをどの位置でカバーするとかが難しい。咄嗟《とっさ》に判断できないのだ。

解決法を宇津木さんに聞いてみた。即座に、「三角ベースですよ。ルールを覚えるのもコレ」。ゴロが来たら、ランナーのいる塁の次の塁へ投げる。オールファースト*も三角ベースで教えてみる。アウトにするにはどうしたらいいか、フライはどう処理するか、場面に合わせてローカル・ルールをつくる手もある。「できないからやらせない、ではなく、子どもたちが〝わかった〟と納得するまで根気よく教える」のが得策《とくさく》のようだ。

9対9ではなく、5対5でゲームをしてみるのもいい。ヨーロッパでは「ベースボール5（ファイブ）」と呼び、ソフトボールや野球の普及《ふきゅう》に使われている手法だという。こうしなくてはいけない、と縛《しば》られずに、「やわらか頭で」と宇津木さんは助言する。

＊ 内野手がゴロを捕球したら、そのボールをファーストに投げろという意味。ノックなどのときの指示によく使われる。

〝心〟をつくる

あるテレビ番組を宇津木さんが受け持ったときの出来事が興味深い。「いくら練習しても勝てないチームを、宇津木さんが教えるとどう変わるか」、数カ月間、カメラで追いかけていく番組だったそうだ。

宇津木さんがそのチームに最初に尋ねたことと、それに対しての答えは、次のようだった。

チームへの質問	チームの回答	宇津木さんの解決方法
道具が片づいているか	片づいていなかった	子どもたちに片づけさせる
グラウンド整備は誰がやるか	親がやっていた	子どもたちに徹底させる
あいさつはできているか	できていた	現状維持
相手のことを考えてキャッチボールをしているか	できていなかった	とにかくキャッチボールをさせる。ノックをしてフライを捕らせる

あいさつはできていたものの、なんとなく暗い感じのチームだったので、大きな声であいさつすることを決めた。すると、チーム全体が元気になり、日を追うごとに雰囲気《ふんいき》が明るくなってきた。また、バッティング力に欠けていたので、一球一球の大切さを教えた。

試合には負けたが、子どもたちは、負けたことに初めて涙を流したようだ。どうして泣いたか。それは、一生懸命練習したからだった。

試合することは、技術を競い合うことではない。それぞれのチームが日頃やっていることを、目いっぱい発揮《はっき》できるかどうか。発揮できた結果なら、負けでも受け入れられるはずだ。負ければ、次はがんばろう！　という気持ちになるし、勝てば、もっと上をめざしたくなる。自ずとモチベーションが上がる。

「トップレベルであろうと、小学生チームであろうと、〝心〟のつくり方は同じ。それがスポーツをすることの大きな効果だと思います」と、宇津木さんは語った。

＊　＊　＊

締めくくりに、大人が子どもに教えるとき、「してはいけないこと」を聞いてみた。

即、宇津木さんの口から出た言葉は、「比べること」だ。「上手い子、下手な子と、誰が決めるのでしょう、何を基準にするのでしょう」。子どもの頃はすべてオーケーという考え方でいてほしい。

さらに加えれば、「指導者自身ができないことをさせてはいけない」。また、「どうしたらわかりやすく教えられるか」を自問しつづけることも重要だという。

指導者も子どもと一緒にからだを動かすこと。子どもが走れば一緒に走る。子どもと一緒に息が上がる。キツさ、苦しさを共有する。「指導者と子どもは対等です。大人の〝上から目線〟

はＮＧです」。宇津木さんは語気を強めた。

宇津木妙子さんからのメッセージ

１　努力は裏切らない。２　人財を育て自分が育つ。３　何事にも真正面から向き合うこころ。４　欠点を含めて選手の性格を知る。５　真剣な練習が平常心を養う。６　大きく伸びるのは責任を自覚したとき。以上６つの言葉を贈ります。常に謙虚《けんきょ》な気持ちで学んでください。学びすぎるということは決してありません。

テニス

テニスは身近なボール遊び

飯田《いいだ》 藍《あい》さん

日本女子テニス連盟名誉会長、（公財）日本テニス協会顧問、桜田倶楽部東京テニスカレッジスーパーバイザー。１９６０年全日本選手権混合優勝、62年同複優勝、全豪ＯＰ出場。日本の女子テニス界の草分け的存在。多くのトップ選手を育成。

あたたかいまなざしが、子どもたちにそそがれる。

飯田藍さんの「一人でも多くの子どもたちに、テニスの楽しさを」という思いが、そのまま表情に現れる。以前は、松岡《まつおか》修造《しゅうぞう》さんら日本のトッププレーヤーを育成し、世界に羽ばたかせていた。その経験の上で、今は、一般の子どもたちへの普及に力をそそぐ。日本女子テニス連盟を立ち上げ四半世紀、テニス界での女性の地位向上にも努《つと》めている。

そんな飯田さんとの出会いは、マルチナ・ヒンギスの取材の折だった。「テニスは、生まれついた才能による技術力もさることながら、精神性、つまり、独立心や自己主張、自己責任感のうかがえる子どもが伸びる。それは、はっきりしています」と飯田さんは断言していた。トップを育む指導だけでなく、普通の子どもたちがテニスを楽しむための指導でも、「精神性」は、決して不要なことではないという。

ラリーが続くから楽しい

テニスラケットを握《にぎ》って65年、飯田さんが達した境地《きょうち》は、「スポーツはそもそも遊戯《ゆうぎ》、からだを動かすところから発生しています。〝テニスは身近なボール遊び〟と考えてはいかがでしょうか」。

テニスのおもしろみは、予測→判断→行動を一人でおこなうことだ。また、視野が広くないとテニスはできない。いろいろな角度からものを見て考える。テニスコートのサイズは縦23・77メートル、横はシングルスでは8・23メートル、ダブルスでは10・97メートル、ネットの高さは中央が0・914メートル、両端が1・07メートルと、細かく指定されている。その空間をいかに自分のものにするかが大切になる。

とはいえ、それは本格的なプレーヤーが体感するおもしろみであって、子どもたちが体験する楽しさは、あの赤ちゃんのときのボール遊びだ、というのが飯田さんの説。そこで、子どものレベルに合わせて、柔らかい飛ばないボールと短いラケット、室内でできる移動式ネットで遊ぶ。もちろん、それをテニスにつなげていくのだが、子ども向けのテニスとしては、飯田さんらは「PLAY&STAY」という、世界のテニス界で統一されたプログラムをもとに指導している。このプログラムは、専用のラケットやボール、ネットが準備されている。

子ども向けのテニス用具での「遊び」

子どもたちがテニスを始めるきっかけが、「楽しい遊び」であることが何より大切。そして当然、テニスもゲームがおもしろい。テニスは相手がいなくてはできないスポーツであり、相手がいるからこそ上手くなっていく。相手とラリーをするとき、できるだけ続けるのがおもしろい。「打ったときにスピードが出るボールで、広いコートでテニスをしても、初心者の子どもたちはラリーを続けることができません」

この指導法では、子どもたちが最初に使うレッドボールは、通常のボールと比べて75パーセントもスピードが遅い。コートの長さは12・8メートル、通常の半分ぐらいだ。そこで「ボール遊び」をする。

ラケットの長さは48センチ〜58センチ。ラケットは短いほど、手のひらに近づく。最も初歩的なテニスとして、大きな手袋をはめて、ボールを受けとめ、ボールを打つ動作から始めることがある。最も基本的な動きだ。それを心得れば、ボールを受けとめ、向こうへ打ち返すことが可能になる。今まで導入が難しいと思われていた、障がいのある子どもたちのテニスの普及に一役《ひとやく》買っている。今まで最初の段階では、障がいがあろうがなかろうがコーチングは一緒、誰でも楽しめるテニス、これこそ飯田さんが貫《つらぬ》いてきた思いでもある。

そういえば、私が初めてテニスラケットを握ったのは、中学の部活だった。結局、数カ月で陸上競技部に移るのだが、このときの練習というのが、素振《すぶ》りばかりだったのを思い出す。ラケットはお決まりの大きさ、ボールもよく飛ぶ通常のものだった。ちょっとでも力を入れるとホームラン！　力を弱めると、ネットに沈《しず》んでしまう。相手とのラリーが全く続かない。素振りで形を習っても、コートでボールを打ち合わなくてはテニスにならないのだ。

テニスを全く知らない子どもたちに、飯田さんが教えるやり方は、私の知るテニス指導法とはまるで違った。

飯田さんは開口一番、「ラケットは持たなくていい」。そこからスタートだ。もちろん、素振りなんてぜんぜんしない。でも、飯田さんに2回レッスンしてもらえば、ラリーが続くようになる！

遊びの延長でラリーができる

①　ボールに慣れる（素手でボールを持つ）

●テニスボール大のやや柔らかいボール（レッドボール）を床にバウンスさせ、ワンバウンドキャッチ。

●2人組でキャッチボール（ソフトボールか野球の練習だ）。

●1人で上に放り投げて、その間に何回拍手《はくしゅ》できるか。上に放り投げて、くるりと一回転できるかどうか。

●2人で向かい合い、同時にお互いのボールを投げて受ける。一人が後ろ向きで投げて、相手がキャッチ。

●フラフープを立て、その輪の中にボールが入るように投げる。フラフープの位置や高さを変える。

●コーンを置き、ねらいを定めてコーンにボールを当てる。

ボールの下手投げ

② 素手にボール、でラケットの振り方を覚える

ボールの下手《したて》投げが、ラケットの振り方の基本だ。

2人組で少し距離を置き、1個のボールをお互いで「下手投げ」し合う。

右利きの場合は、左足を前に出しながら、右のからだの脇を腕が擦《す》るようにして、下から投げる。左利きは反対。

これをくり返す。いかなるときでも、この振り方を守る。

③ ラケットを持つ

あらかじめ、子どもの背《せ》丈《たけ》に合わせた長さのラケットが用意されている。背が小さい子ほど、柄《え》の短いラケットを使わせる。

持ち方に理屈はない。手を広げ、床に置いたラケットに上からかぶせるように持ち、くるりとひっくり返した面で打つ。そして②の下手投げの方法で振る。

④　ボールとラケットの組み合わせ

●未就学《みしゅうがく》の子ども、あるいは、用具を使ってボールを扱う動作にちょっと苦手意識の強い子どもは、2人組で、2メートルくらいの距離を置き、ラケットでコロコロとボールを床に転がす。2メートルから3メートルと、少しずつ距離を伸ばす。そのうち、ボールが自然に跳ねて、ワンバウンド打ちになる。

●小学1年生以上には、2人組で、1メートルくらいの距離で「小さなラリー（赤ちゃんラリー）」を教える。ワンバウンドでもツーバウンドでもいいので、2人の間をボールが行き来するのが続くように、何度もくり返す。そのつど、数を数えてもいい。

あくまで遊びなので、できなくても大丈夫。ときどき、大人が入って手伝う（子ども1人対大人1人、子ども2人対大人1人）。距離を1メートルからほんの少し伸ばしたり、ボールがバウンスする高さを高めたりしていく。

●参加者全員で輪になり、それぞれがラケットを前方に面を上にして待機、一人ひとり順番でその上にボールを転がし、移していく。まずは、1つのボールをぐるりと一周、右回りと左回り。それから、ボールを2個にして、同じように1周、右回りと左回り……ボールを1つずつ増やし、5個くらいで終わる、というゲームをしてみる。

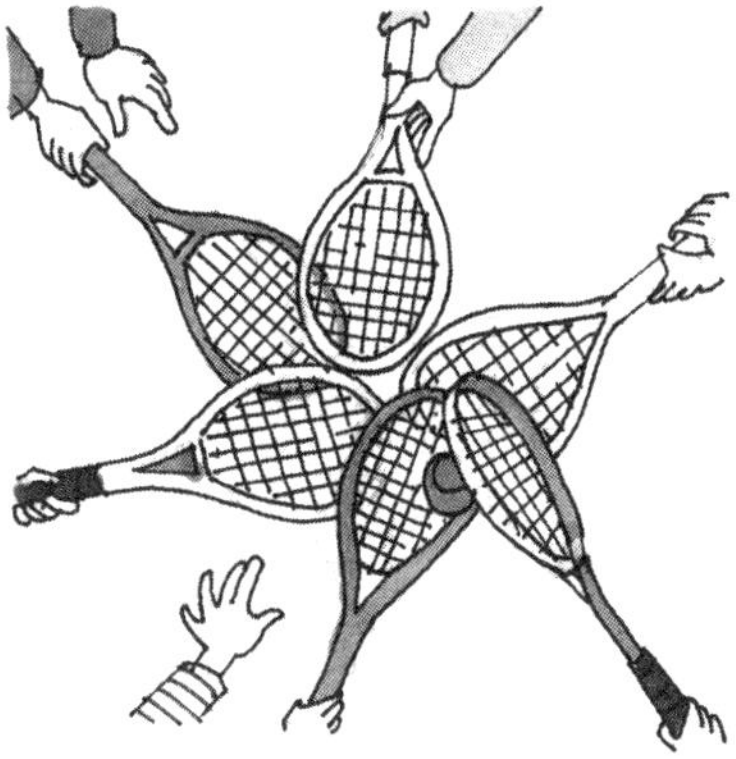

これはボールとラケットのコンビネーションを「楽しい！」「チームワークが大切」と思わせる手法。子どもたちが飽きたとき、まとまりがなくなってきたときに利用できる。

⑤　ワンバウンドラリー

お互いの距離は短いほうが、ラリーが続きやすい。子どもの身長くらいが適当。ある程度高い位置までボールを弾ませないと、次にネットを介《かい》してラリーする際に続かないので、注意する。

フラフープの輪を床に2個置き、その中にそれぞれ子どもが入り、子どもの身長分ほどの距離をとり、ラリーをしてみる。

⑥　ネットを介してのラリー

可動式専用ネット（ネットの高さは80センチ）を置いて、ネットを介してのラリーにチャレンジ。初めはネットからお互いほんの少し離れたところからのラリーにし、だんだんネットからの距離を伸ばしていく。

常にラケットの振り方を「ボールの下手投げ」にするよう気をつける。

⑦　ラリーの心持ち

ラリーのときは、優しく丁寧にボールを打つ、と言い聞かせる。

ラリーを続けるためにはどうしたらいいか、相手が受けやすいボールはどんなボールか、考えさせながら、ラリーの回数を増やしていく。回数が増えるのは、子ども自身のやる気に関わる。

ボレーやサーブで遊ぶ

①　ボレー

ラリーと並行して、ボレーで遊ぶ。子どもたちを一列に並べ、一人ひとりにこちらからボールを出して、一人ひとりボレーを打つ。

ボレーのターゲットをつくり、当たったらオーケー！　にすると、子どもたちは大喜びだ。

ボレーの楽しさの一歩手前は、来たボールをラケットに当てること

② イチ、ニ、のサンで、サーブ！

ラケットは持たない。片手で頭上へトスを上げ、もう片方の手を振り上げて、頭上でボールを打つ。このくり返しでタイミングを身につける。

ラケットを持ってやってみる。うまくいかない場合は、またラケットを持たずにやってみる。

くり返すうちに、タイミングをつかめるようになる。あまり無理せず、ボールを持ったままラケットで下から打ってもいいよ、ということも伝えないと、ここで挫折《ざせつ》してしまう。

③ 楽しいゲーム

正式なカウントにこだわらず、子どもたちの興味に合わせたゲームをつくりだす。何もかも大人が決めず、子どもたちのアイディアを生かせるような、余裕《よゆう》があるゲーム展開にする。たとえば、サーブからではなく、下手投げ、あるいはワンバウンドで相手にボールを出してゲームを始める。ミスしたら交代（順番がすぐ回ってくるようにする）。あくまでも「遊び」だということを忘れないように。

一方、ルールとマナーはあらかじめ決めておき、守るように強調する。その意味も伝える。たとえば、ゲームの初めと終わりには必ずシェイクハンド（しなかったら負け）。レフリー役の子どもが、ボールがインかアウトか判断がつかない場合は、ノーカウント。2人組で、それぞれが相手からのボールを順番で打つ（同じ人が続けて打ったら負け）など。

＊＊＊

ひとつのことにこだわらず、子どもたちの様子を観察しながら、難易度を考慮《こうりょ》したり、興味に合わせ用具を工夫したり、時間の長短を調整したりする。何より、子どもたちに「遊びの延長」と思わせるのがコツだ。

スポーツの場面での「しつけ」や規律《きりつ》は、時と場合による。飯田さんは、「一人ひとり、性格も発育発達も、育った環境も違うことを、コーチは知っておくべきです。誰もが同じ時期に花ひらくわけではありません」と言う。この子の花が咲くのはいつか……「そのときまで待ってあげましょう」。

結果を早く求めると、間違った方向に行ってしまう。子どものからだだけでなく、こころまで傷つくことがあるからだ。

飯田藍さんからのメッセージ

人材（子ども）を育てるための6カ条。

1　観察する能力を養う。
2　個々の特性を引き出し、見抜く力を持つこと。
3　子どもの成長はそれぞれ、花咲くときが違うことをもとに指導。
4　ルールを守り、相手を尊重する心を育てる。
5　プレーの中で「物語」を表現できる選手を育てる。
6　楽しく、厳しく、心豊かな人格を持てる人を育てる。

柔道

「笑顔で柔道」はありえない？

坂東真夕子さん
ばんどう・まゆこ
文武一道塾 志道館館長。高知学芸中学高等学校→横浜国立大学教育学部→警視庁とオリンピックをめざし柔道に打ち込む。選手引退後は約8年間民間企業に勤務。2013年10月、文武一道塾 志道館を設立。19年1月、文武一道塾 志道館 港南道場がオープン。
★文武一道塾 志道館 http://www.bunbuichido.net/

ある年末の大雪の日、坂東真夕子さんが初めて飛騨を訪れてくださった。子どもたちは、素《す》足《あし》を真っ赤にして、坂東さんから「からだ遊び」を習い、柔道の基本を教えてもらった。「からだを使う」ことが、子どもたちの中で「面倒なこと」になってしまったこのごろ、坂

東さんの指導は、子どもがからだを「動かさざるをえない」方向に持っていく。いや、「動かしたい」という気持ちにさせるのだ。

真っ白な柔道着を着た坂東さんが道場に現れたとき、子どもたちの表情は引き締《し》まった。しかしそれは、恐怖心とか不安ではなく、「何かが始まる」という期待感のようだった。子どもたちが坂東さんをじっと見つめる、その眼はキラキラ輝いていた。坂東さんと「からだ遊び」をするにつれ、本当に初対面？ というほど、子どもたちは坂東さんになついた。

からだ運動遊び

坂東さんが子どもたちに教えたのは、からだで遊ぶゲームばかりだった。

●からだブリッジ……背中を反《そ》らして両手を床につく。

●からだシーソー……2人以上の組で、お互いの手を伸ばして握り、足は開いて、お互いに引っぱり合う。

●からだゴロゴロ……からだを伸ばしたまま横に回転させて動く。

からだブリッジ

●からだ追いかけっこ……足を広げて前を向いて並び、その足の間を一人ずつ潜《もぐ》って、潜った後はまた並ぶ、をくり返す。

ただの楽しいゲームに見えるが、そこには柔道に欠かせない「動き」（からだの使い方）がちゃんと仕組まれている。子どもたちは、知らず知らずのうちに、しかも楽しく、柔道を身につけていく。

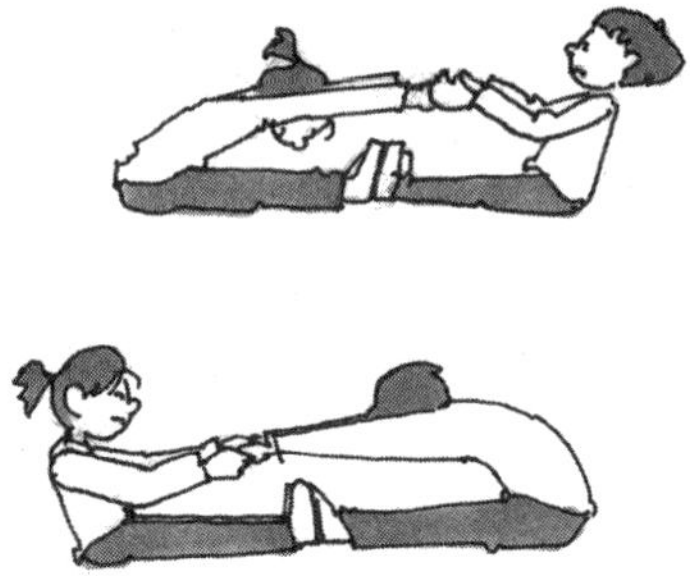
からだシーソー

からだゴロゴロ

からだ追いかけっこ

姿勢の良さにこだわる

武道を子どもに習わせる大人の多くは、「礼節をしつけてもらえる」ことを期待する。稽古《けいこ》前後には正座で整列して礼をする。坂東さんは、正座をしたときに「姿勢がいいかどうか」にこだわる。

坂東さんの特徴は、稽古の後、正座して古典（『実語教』『大学』）の素読《そどく》をすることだ。時間にしておよそ10分。入門直後の子どもたちは、素読をしている間に、だんだん背中が曲がってくる。当然、坂東さんは注意するのだが、そういう子どもでも、素読の時間を重ねると、背筋《せすじ》を伸ばした姿勢をキープできるようになる。そのとき、坂東さんは「やはり鍛錬《たんれん》は必要だ」と感じるという。

坂東さんの志道館では、稽古とともに勉強時間がある（子どもたちは授業後、直接道場にやってくる）。おやつを食べて宿題をする。そのとき集中している子は姿勢がいいし、集中力が途切《とぎ》れた子は、机にヒジをつきはじめたりする。「『姿勢』はそういう心持ちも現れるのだと感じます。そもそも柔道は『立腰《りつよう》』が基本姿勢です。からだの芯《しん》が弱いと、受け身もままなりません」と坂東さんは言う。

基礎体力をつける

柔道の実践としては、稽古時間90分のうち50分~60分を基礎体力トレーニングにあて、「体《たい》幹《かん》」を鍛《きた》えることや、「自分のからだを思い通りに動かせるようになること」を重要視する。からだの発達があってこそ、こころや脳の発達がある、と考えているからだ。

基礎体力トレーニングの内容は、道場の周囲を走る、片足で立つ、スキップ、前転、後転、側転、ブリッジ、ハイハイ、カエル、ほふく前進、クモ歩き、ゴリラ歩き、アザラシ歩き、クマ歩きなど。子どもたちが飽きないよう、お互い競う形にしたり、チーム対抗にしたりして、楽しく基礎体力を強化する。

柔道は、受け身、投げ技、抑《おさ》え込み技、どれをとっても全身運動だ。投げ技ひとつをとっても、上半身から下半身まで体力を使うし、崩《くず》しの方向や、一歩目の足の位置まで神経を使う。子どもたちにとって、からだだけでなく、こころ（神経）もいっぱい使う。稽古後の夕食にご飯3杯！　という5歳男児もいるくらいだ。「たくさんからだを動かして、たくさんご飯を食べて、たくさん寝る。このことが、子どもの心身の発育発達に重要であることは言うまでもありません」と坂東さんは言う。

寒い冬も素足でおこなう武道。相手に投げられたとき、受け身を取っても、畳《たたみ》を叩く手、お尻、背中は痛い。相手に抑え込まれたとき、重いし、苦しい。面倒を避けてラクを求め、つらいことや痛いことには手を出さない、今どきの子どもたちを「柔道」につなげるにはどうすればよいのか。武道関係者にとって悩みの種かもしれない。坂東さんいわく、「技術を優先させず、まずは基礎体力トレーニングを優先します。しかも、それが『楽しい！』と思わせるのがコツです」。

遊びを取り入れた技術指導

技術に移行するときにも工夫を要する。柔道の受け身や技には反復《はんぷく》練習が欠かせないのだが、子どもたちに、たとえば打ち込み（技の反復練習）を100本課したとしても、体力や集中力や興味は続かない。

坂東さんのやり方は、「からだ運動遊び」と技の反復練習を組み合わせることだ。

●受け身5回→ハイハイ競争。
●つかまえオニ……オニにつかまったらアウト、でもオニに投げ技をかければセーフ。
●ブルドッグ……寝技のおにごっこのような遊び。ブルドッグ役の先生に捕《つか》まらないよう、子

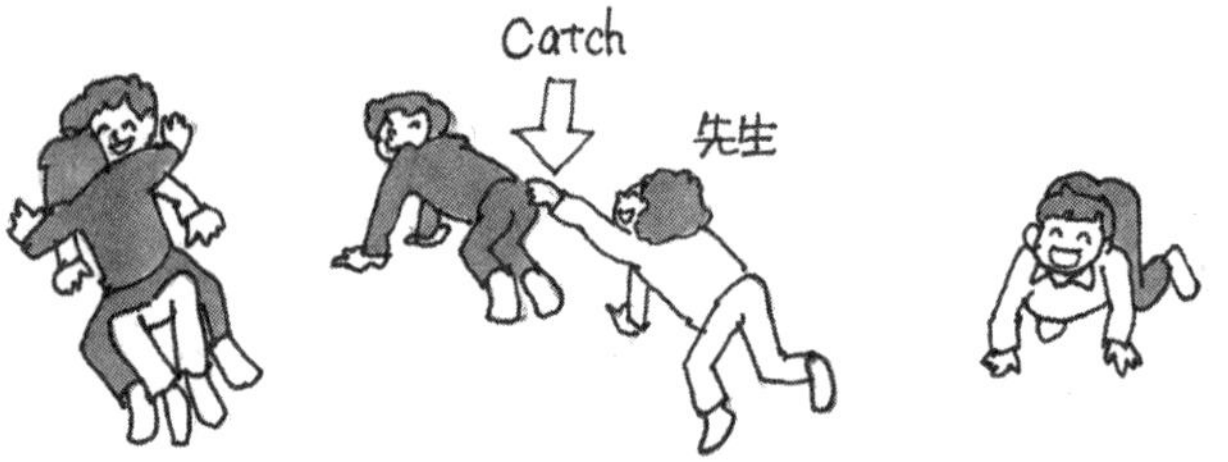

ブルドッグ。先生に捕まっても寝技で抑え込めばセーフ

どもたちはハイハイで逃げる。ブルドッグに捕まっても、寝技で抑え込めばセーフ。遊び感覚で、寝技の乱取り《らんど》り（寝技の攻防・実践練習）ができる。

●ネコとネズミ、前回り受け身バージョン……ネコ役が1～2人。それ以外の子どもはみんなネズミ。ネコにタッチされたネズミは、カメ（四つん這《ば》いが小さくなったような姿勢）になる。カメになったネズミを他のネズミが助けることができる。カメをまたいで、前回り受け身をしたら、ネズミとして復活！　楽しく前回り受け身を身につけることができる。

子どものチャレンジ心を引き出す

他のスポーツに比べ、柔道には「しつけ」も期待されるからか、必ずしも子どもが「柔道をやりたい」と言って入門するのでなく、大人が「やらせている」感が強い場合もある。

ネコとネズミ、前回り受け身バージョン

そうなると、からだを動かすのが苦手な子どももいる。坂東さんは、「見よう見まねでやっていくうちに、少しずつできるようになる」という、自然に習得できるという考え方で解決している。

「基本的に子どもには、チャレンジしようという姿勢があります。年が小さい子どもほど、そういう傾向が強いです。動きそのものはできていなくても、チャレンジしたことを褒める。少しできるようになったことを褒める。上手い・下手はもちろんありますが、細かいことを言いすぎないようにしています」と坂東さんは言う。「できないこと」に焦点《しょうてん》を合わせるのではなく、「やる気」を起こさせることに力をそそいでいる。

柔道をする意義は？

坂東さんとの「からだ運動遊び」の時間が終わった後、どの子も頬《ほお》を紅潮《こうちょう》させながら、「今度はいつ来てくれるの？」「柔道がこんなに楽しいなんて知らなかった」、「こんな柔道ならずっとやりたい！」と興奮気味だった。

見学していた保護者たちからは、「笑顔で柔道なんて、考えられない」、「楽しそうにしていて安心できる」という声が上がった。

子どもたちは、柔道は厳しいもの、楽しくないものと思っていた。大人たちも、それが礼儀作法を身につける道だと思っていた。坂東さんの柔道は、そんな考えを、見事にひっくり返した。

坂東さんのスタイルは、古風に見えて、実はとても「新しい」のだ。今まで、子どもに柔道をさせることの効果を説《と》く指導者の言葉は、とても抽象《ちゅうしょう》的だった。「今までの指導者は、柔道をする意義を考え抜いてこなかったのではないか」と言う坂東さんの考える「柔道の効果」は、言葉は硬いが、様々な職歴を経験する人生を歩んできたからこそのふり返りではないだろうか。

●「最大の敵は弱い自分自身である」という気づき
●その気づきから得た、弱い自分を受け入れ対峙《たいじ》することの大切さ
●結果を環境や他人のせいにせず、自分のこととして受け入れる

●目標に向かって努力する習慣
●多くの人の応援、支えがあってこその競技生活であるという気づき
●他者（指導者や仲間）との関わりの深さ
●考える力
●自分を律《りっ》する心
●成功体験、挫折体験
●肉体的にギリギリまで追い込むという経験
●嫉妬《しっと》心や虚栄《きょえい》心との戦い

＊　＊　＊

「人生に困難はつきもの。困難を克服《こくふく》する力を育むためにも、子どもたちにはスポーツや武道を経験してほしい。子どもたちがスポーツや武道に親しむ環境を整えることも、大人の役割ではないでしょうか」と、坂東さんは言う。大人のすべきことを明確にしてくださったと思う。

坂東真夕子さんからのメッセージ

柔道の創始者、嘉納治五郎《かのうじごろう》先生は、柔道の目的を「己を完成し 世を補益《ほえき》する」ことだとおっしゃっています。「柔道によって心身を鍛錬し、その力を世のため人のために使いなさい」とおっしゃっているのです。それは、柔道に限らずすべての武道・スポーツにも言えることだと思います。スポーツや武道を通して「世の役に立つ人」を育てること。これが私たち指導者の使命ではないでしょうか。

ホッケー

「おにごっこ」から始まるホッケー

永井東一さん

ながい・とういち

(一社)愛知ホッケー協会常務理事、(一社)東京ホッケー協会常務理事、NPO法人愛知スポーツ倶楽部理事、アジアホッケー連盟EPC委員、公認マスターコーチ、表示灯㈱取締役管理本部長。1984年～91年日本代表選手、2001年に日本代表監督に就任し、02年ホッケーワールドカップ、04年アテネ五輪最終予選出場。

★推薦ウェブサイト　NPO法人愛知スポーツ倶楽部　https://www.aichisportsclub.com/

名古屋フラーテルホッケーチーム　https://frater.or.jp/

夏休みの一日。簡易《かんい》式のホッケー用具を使い、日本代表の選手たちが、飛騨の子どもたちと一緒にフィールドホッケーで遊んだ。永井東一さんは、その水先案内人だ。

一般の子どもたちにとって、ホッケーをするチャンスはめったにない。ホッケーの「ホ」の字も知らない子どもたちが、たった2時間でホッケーを楽しめるのか？　体力もマチマチ、1年生から6年生まで男女混合の小学生たちに、前半はホッケーの基本、後半はゲームをするなんて、できるのか。

心配ご無用。2時間後には、子どもたちの歓声《かんせい》が体育館に響《ひび》いていた。

●「巧みさ」が身につくスポーツ

ホッケーは、スティックと硬いボールを使ってプレーする。サッカー場と同じくらいの広さを走りまわる。ゴールポストはハンドボールくらいの大きさだ。

スティックを駆使《くし》しながら、ボディコンタクトを避けながら、全速力で走りながら、ボールを運んで、ゴ～ル。手足を使うボールスポーツに加えて、用具を使う「難しさ」がある。しかもフィールドは広い。体力と技術力に、精巧《せいこう》さがプラスされたボールスポーツと言えるだろう。

一般に、小学生には「巧みさ」、中学生には「粘り強さ」、高校生には「パワー」、というセオリーがあるので、それに準《じゅん》じた方法でスポーツを楽しませたい。となると、ホッケーは、まさに小学生にうってつけのスポーツと言える。

●「おにごっこ」からホッケーに

この日のホッケー教室は、「おにごっこ」から始まった。

60人の子どもが集まったので、30人ずつ2つに分け（Aチーム、Bチーム）、ビブスを着ける。AとBをさらに5人ずつに分け、それぞれ6チームに名前をつける（Aのリンゴ、Bのリンゴ、AのブドウBのブドウ……）。

体育館の左右両側を陣地として、AとBに分かれて待機。コーチがホイッスルとともに「AのリンゴとBのブドウ！」と叫び、1分間計測。呼ばれた子どもだけが1分間走りまわり、おにごっこをする。捕まえたら味方の陣地へ連れてくる。時には、ブドウとリンゴ、と複数チームでおにごっこさせる。いろいろなパターンでくり返す。

そうして、やっと、ボールとスティックだ。室内用（子ども用）で、サイズも小さく、軽くて扱いやすいものを使う。持ち慣れること、打ち慣れることが優先だ。

子どもは遊びの中で、棒《ぼう》きれと丸い物があると、棒で転がす習性がある。ホッケーというより、その「遊び」感覚で、体育館を行ったり来たり。

そのうち、コーンを置いて、ジグザグに走りながら棒で球を運ぶゲームにつなげる。そこに一人、スティックで邪魔《じゃま》する役目の子どもを入れる。これでもう、ホッケーが成り立っている。

次は、転がってきた球をスティックで打ってゴールをねらう、をくり返す。休憩をはさんで、後半は、60人を10人ずつのチームにし、「追いかけっこ」に「転がしと邪魔」を組み合わせ、最終的に「ゴ〜ル！」する。ゲームの出来上がりだ。

なんといっても、子どもたちには初めての体験。楽しくないわけがない。楽しい中に、ホッケーの要素が十分に取り込まれているのがミソだ。

おにごっこ

●相手の逆を突《つ》く動作

●動いている相手に合わせて俊敏《しゅんびん》に動こうとする動作

●断続《だんぞく》的にスタートダッシュをくり返し、かつ、一定時間持続《じぞく》すること

ジグザグドリブル

●切りかえしの際の踏み切る力

●切りかえしの際の上半身の使い方

●指導者は基本をわかっているか？

永井さんは日本代表監督を務め、自身も代表選手の経験がある。トップレベルの「眼」で、一般の子どもたちをどうコーチングしていくのか、興味津々《しんしん》だった。いわゆる「できる子」だけの指導を得意とするのかな、と意地悪な思いで見ていたら、大間違いだった。「できる子」より、「できない子」に対する熱心な指導が目立った。ひとつひとつ丁寧に、冗談を交《まじ》えながら、スティックの持ち方から扱い方、ボールの転がし方、相手との距離感まで伝えていた。

さらに、子どもたちの様子を観察しながら、永井さんと一緒に来た選手たちに、「子どもとどう関わるか」「どう教えるか」の助言をしていた。「トップレベルの技術を持った選手でも、〝教える〟ことができなくては、意味がない。それも、トップの技術を教えることではなく、初心者に基本を教えられるかどうかです。選手自身がどのくらい基本をわかっているか、どのくらいホッケーが好きか、子どもたちに面と向かうことで、バレてしまいます。子どもは純粋なので、大人の〝いい加減さ〟は見抜かれます。〝勝てばいい〟〝代表になればいい〟、そんなことだけを思っている選手が、いくら子どもに伝えようとしても、子どもは見向きもしないでしょう」と永井さんは言う。

●海外から見た日本のスポーツ指導

永井さんは、代表選手として、代表監督として、ホッケー界における海外の事情をよく見てきた。その眼で見ると、日本独特のスポーツ観が浮き彫りにされてくる。

永井さんにとって気になるのが、教員をはじめとする学校のスポーツ現場の指導者だ。子どもたちにとって学校は、子ども時代のほとんどを過ごす場所。スポーツをする時間（部活）のあり方は、「子どもとスポーツの関係」に大いに影響を及ぼす。

教員なら、競技成績が良ければ人事評価点が上がり、優秀な指導者との評判を得ることができる。だから、選手一人ひとりの育成よりも、チームの成績を優先してしまう傾向にある。素直でまじめに取り組む、「指導者（大人）の言うことを聞く子」（従順《じゅうじゅん》な子）を優遇《ゆうぐう》し、チーム優先の考え方ができない粗削りな、「指導者（大人）の言うことを聞かない子」を排除《はいじょ》してしまうこともある。

永井さんは、練習内容の問題も指摘する。「ほぼ毎日練習をし、その内容も、同じ練習の反復や、失敗を許さない偏った練習になっているのではないか」という点だ。その結果、子どもたちは、精神的に余裕がなくなり、追い込まれることもある。「成長期の子どもに過度の練習をさせることで、選手生命を奪いかねないことが起きています。セクシュアルハラスメントやパワーハラスメントはもってのほか。選手は、指導者やチームがイヤになっても、そのスポーツを続けるためにはそこにいるしかないという、閉じられた環境にあるとも言えます」

極端に言えば、指導者に合わない子どもは、そのスポーツから排除されるという状態だ。大人の意識が、社会が、そうさせていると言っても過言ではない。

永井さんによれば、「ヨーロッパ型のクラブ方式*（学校スポーツではなくクラブスポーツのこと）の場合、日本と比べると、会費など、何かとお金がかかります。しかし指導者に関しては、資格を持ったコーチから指導を受けられます。コーチの指導は、選手のモチベーションを主なテーマとしているため、楽しみながら質の高い指導を受けることができます」。

クラブ組織は、学校の区分がないため、競技レベルごとで所属チームや所属リーグが決まる。したがって、同じようなレベル同士で試合ができるのだそうだ。当然、能力が上がれば、上のランクのチームで試合に出ることとなる。「こうなると、毎週のように試合が楽しみになり、練習にも力が入ります。ただし、多くても週に2〜3回、各2時間ほどの練習なので、からだの成長に問題が起きる可能性は低い。むしろシーズンオフには、別のスポーツをすることになるのです。違う動作をさせることで、合理的に子どもの成長を促《うなが》していると言えます」

「せっかくクラブに入ってきてくれた子どもをスポーツぎらいにさせて、〝顧客《こきゃく》〟を失うことは望ましくない、ということがベースにあるのではないかとは思います」と永井さんは言う。

＊日本では総合型地域スポーツクラブとして、文部科学省（スポーツ庁）が推進《すいしん》している。ドイツのクラブ制度を手本にしている。

＊　＊　＊

締めくくりに、日本と海外の違いがよく表れた話を紹介したい。

ある中学生が、永井さんのところに、母親と祖母と一緒にやって来た。夏休みか冬休みに、短期的にホッケー留学をしたいが、どこかいいところはないか、という相談だった。

永井さんは、「短期では本当の訓練《くんれん》にならない」と伝え、「どうせ行くなら、長期で行くべき」と話したところ、数日後に、「そうする」という返事が来た。永井さんは、当時世界ランキング1位のオーストラリアへの留学をアレンジした。科目にホッケーのある学校を見つけて、そこへ入学させた。

ほどなく母親から永井さんに、「息子が日本に帰りたいと言っています」とのこと。理由を聞くと、オーストラリアでは練習を週に2回しかしないため、これなら毎日練習する日本のほうがいいということだった。

当時の永井さんは、「週2回」と聞いて驚いた。現地の方に事情を説明し、別のクラブでの練習を許可してもらい、週に4回の練習を確保した。

それから半年ほど経《た》つと、また母親から「息子が日本に帰りたいと言っています」。今度は何かと思いきや、シーズンオフになったので、ホッケーの練習がなくなったとのこと。永井さんはまた驚いた。やむなくまた現地と連絡を取り、大人のクラブでインドアホッケーをやっていたので、2つのクラブに願い出て、大人に混じってインドアホッケーをさせた。

日本の中学生は当時、ほぼ毎日練習をしていた。オーストラリアでは、年の半分はシーズンオフだ。さらに、日本が週に6日練習するとして、オーストラリアは週2日。おまけに練習時間も、日本なら平均3時間、休日は一日中やることもあるが、オーストラリアでは1時間から1時間半程度。休日にあるのは試合だけ。

ということは、世界ランキング1位だったオーストラリアでは、中学生は日本の12分の1しかホッケーの練習をしていないことになる。日本の世界ランキングは16位。いったいこの差は何なのか？

もちろんいろいろな要因があるだろうが、「かたや、年30日分の練習で1位、かたや、年360日の練習で16位では、根本的に何かが違っているとしか言いようがない」と永井さんは言う。「世界との差は、こういったことから生まれてくるのではないでしょうか」

ちなみにその中学生は、大学生のときに日本に戻り、学生チャンピオンになった。そして地元の日本リーグチームに入り、日本代表Bチームにまで進んだという。

永井東一さんからのメッセージ

コーチは伴走者《ばんそう》、主役は選手です。選手はいつ・どこで・何をきっかけに伸びるかわかりません。選手の未来を想って、今必要なことに挑戦させる。常に選手に考えさせ、自ら成長のための行動がとれるようにする。壁にぶつかったら、答えを教えるのではなく、気づくためのヒントを。コーチに大切なことはオープンマインド、ポジティブ思考、そして学ぶ姿勢。ぜひ選手たちがタフに生きていく力を育《はぐく》んでください。これほどやりがいのある仕事はないと思います。

バスケットボール

「当たり前」の追求

安江満夫さん

やすえ・みつお
岐阜女子高等学校主幹教諭。１９７７年バスケットボール部創部、12年目にインターハイ初出場。インターハイは25年連続27回、ウィンターカップ（全国高校選手権大会）は27年連続27回の出場。２０１８年、３年ぶり２回目の優勝。高校生の３大大会、インターハイ・国体・ウインターカップをすべて全国優勝に導く。

新学期が始まって間もない頃、岐阜女子高校バスケットボールチーム全員が、１泊２日で飛騨を訪れてくださった。飛騨地域の女子中学生宅にホームステイだ。

遠征《えんせい》ではあるが、バスケット経験のない小学生や、バスケット部の中学生へのクリニックが主な内容。特別な練習や試合があるわけではない。選手たちは、子どもたちと一緒にバスケットの初歩を学び、また子どもたちに教える側にも立つ。

「ひとさまのお宅にお世話になることで学ぶことは多い。そして原点に返るという意味で、基本を再確認させるいいチャンスだと思います。さらに、バスケットをよく知らない小さな子どもに、わかりやすく丁寧に教えることも、学びになる。自分がわかっていないと、説明できませんからね」

安江満夫さんの考えは、「バスケットボールの技術を磨くだけでは〝本物〟になれない」。本物とは何か。インターハイで優勝？　全国大会で優勝？　日本選抜選手になること？――ではなくて、「良識《りょうしき》ある人として、社会で生きてゆけること」だ。岐阜女バスケ部で培ったすべてが、社会に出て生かされることだという。その一環として、遠路はるばる来てくださったのだ。

●選手自身にチャレンジさせる

飛騨の子どもたちにも、大きな刺激になる。岐阜女バスケット部は、日本一を何度も経験している強豪校。その強さの秘密が何なのかを知る機会になる。練習時間を増やすこと？　技術を教え込むこと？　上下関係を徹底すること？　全く違う。安江さんの泰然《たいぜん》とした指導姿勢や、イキイキとして笑顔の絶《た》えない選手たちの姿を見たら、大人たちは考え方が変わるだろう。

バスケットの試合では、ヘッドコーチがひっきりなしに大声を張り上げ、大げさな身振《みぶ》りで選手に指示や叱咤《しった》する姿をよく目にする。しかし安江さんは、「静かに見守る」。日頃きちんと練習して、試合はその発表会、という考え方だ。

「文化祭の劇で、子どもたちが演じているときに、先生が舞台袖《そで》から指示を出しますか？いったん舞台に上がったら、あとはせりふを忘れようとも、役者が自分で判断して、その劇を進めるしかないでしょう。それと同じです」。だから、安江さんはじっと見守っているだけだ（もちろんコーチはサインを送っている。安江さんはいわゆる「監督」で、コーチは他にいる）。選手にとって、指導者から全幅《ぜんぷく》の信頼を受けることほど、うれしいことはない。しかし、その関係を築くまでには、相当な時間がかかっている。それは、安江さんの忍耐《にんたい》力の賜物とも言える。

安江さんは、「子どもたちを信じて、どんどん前向きにチャレンジさせる。たくさん失敗をさせる」という。たいていの指導者は、「失敗させないため」に、決まったフォーメーションをこなすことや、指示通りに動くことを良しとする、安全策をとってしまう。しかし、子どもがある地点に到達するには、指導者は子どもの能力に足し算をしていかなくてはいけないというのが、安江さんの考えだ。決まったフォーメーションを使うための条件が、試合中に整うとは限らない。状況に応じた行動を選手たちがとれるかどうか、それをどの時点で評価するのか。そのために、安江さんは指導の中で、「YES」「NO」をはっきり言うことにしている。

●安江流「4つの基本」

どのコーチにも、自分が正しいと信じる「手法」がある。安江さんは以下の4つを、独自の指導法としておこなっている。

①　ウォームアップ

からだ各部位の可動域《かどういき》を自分で感じながら、最大限に動かす。股関節や肩関節の可動域を最大にする運動をおこなう。

いろいろな方法があるうち、安江さんは、股関節を交互に大きく動かしながら前進する運動を積極的におこなっている。

片足ずつ大きく振って前進

② パワーポジション

安定した体型を常に保ち、次の動作にすぐ移れるようにする。バスケットでは、ワンテンポでも遅れると敵陣に囲まれ、次の動作に支障《ししょう》をきたす。そういうことがないようにするための「からだの準備」だ。

両ヒザを軽く曲げて中腰になり、背筋《せすじ》を伸ばし、前方を見る。両手を開いた状態の腕は、前後上下左右、自由自在に動かせるようにする。

パワーポジションから、ジャンプをしたり、姿勢を低くしたり（しゃがむ）、後ろを振り向いたりする練習をくり返す。

③ ドリブル——コーディネーション能力を身につけたドリブル

周囲に注意を払いながらドリブルをする。言いかえれば、ドリブルしながらも、多くの情報を視覚《しかく》から得る余裕をつくる。ゴールがどこにあるか、常に「見る」。そのためには、ドリブルするときは「頭を下げない」。

練習方法の例として、こんな方法がある。2人組になり、一人はドリブルし、もう一人は指示係をする。指示係は、指を1本、2本、3本と挙げる。あらかじめ、指1本は右方向に動く、

パワーポジション

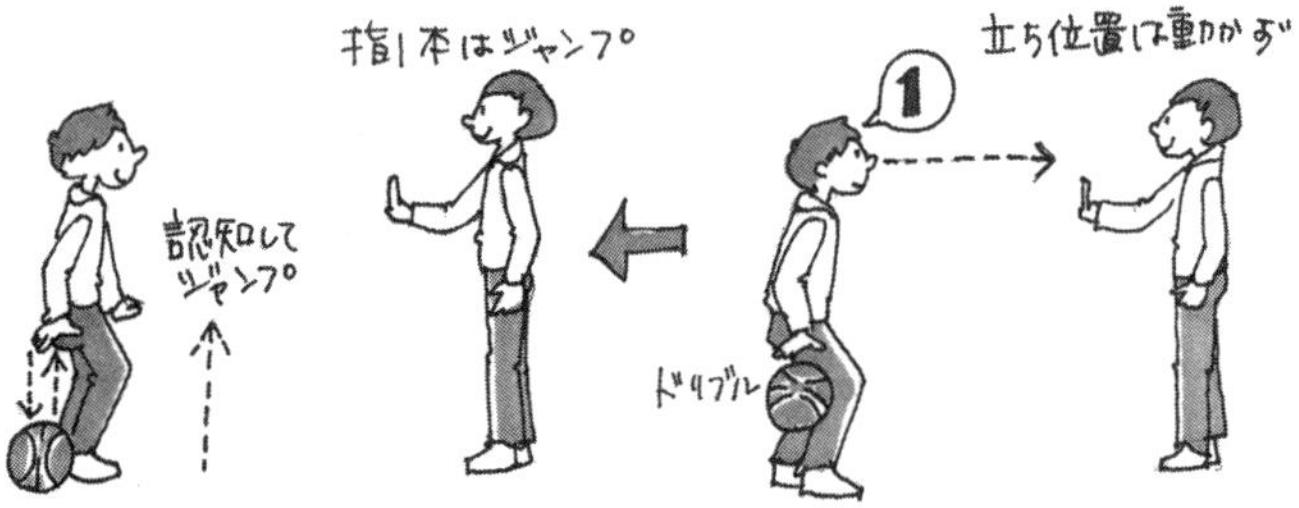

ドリブルの練習

４方向の「型」

指2本は左方向に動く、などの決めごとをしておき、ドリブルをする人はその通りに動けるかを試す。2人で交代しながらくり返す。クリアできたら、指示内容をより複雑にしていく。

④「型《かた》」――即座に動くための姿勢づくり

バスケットには、武道のような「型」はないが、右上、右下、左上、左下の4つの姿勢(型)をあえてつくる。ふだんからその4つの型を身に染《し》み込ませることで、ドリブルしたいとき、相手のボールを捕りに行くとき、相手をかわすときなど、ゲーム中のあらゆる状況に対応できるようにする。

シュートが入る練習

「安江流4つの基本」を徹底したら、次の段階は、シュートに結びつくすべての可能性を試みる。「バスケットボールの原点、それはシュートしかない」というのが、安江さんの行き着くところだ。

シュートが入れば得点する。その積み重ねで勝つ。だから、シュートが入るような練習をすればいい。あまりに当たり前のことだが、それを徹底できるチームが、頭ひとつ抜きん出る。

「シュート率を高めるためには、どうするか」は、日頃の練習の大きな目標のひとつでもある。また、選手のバスケットに対する心がまえの現れにもなる。

バスケットは、パスとドリブルを駆使して、より高い確率でシュートが入るようにすれば、得点が可能だ。ただゴールに向かってボールを放り投げれば入るときもあるが、それは偶然であり、常に心がけるべきは入る確率の高いシュートだ。

入る確率の高い場所とは、リングの近くだ。しかし、リングの近く、いわゆるゴール下であっても、100パーセント入るわけではない。得点は、ゴールにボールが通過することによって生まれる。リングの高さは、フロアーから3・05メートルの空間にある（ミニバスケットでは2・60メートル）。まずはそのゴールの高さ、3・05メートル以上にボールを投げることが必要だ。

投げるフォームが安定していなければ、得点の確率は非常に低い。入る確率の高いシュートをどのように身につけるか。それが指導の一番重要なところだ。

リングに向かったときの、自分とゴールとの距離の目測《もくそく》と、その高さの感覚、そのボールを投げる強さなど、文章で表現するには限界があるかもしれないが、参考までに記す。

●安江流シュート習得法

シュート指導のときに心がけていること。

① からだをゴールに正対《せいたい》する。

この正対がなかなかうまくできないので、具体的に指導しなければならない。まず、足のつま先がゴールに向かっていること。ガニ股や内股でないほうがいい。その幅は自分の肩幅ぐらいがいい。

もっとわかりやすく言えば、「自分のへそを、しっかりゴールの中心に向ける」。

② 下半身を始動してボールを投げる。

ヒザを曲げるのでなく「足首」を曲げる。こうすれば自然と、ヒザと股関節が曲がるからだ。ボールを投げるときは、頭が真上に引っぱられるように、足首とヒザを伸ばす。そうすれば、ボールはリングの高さ以上に飛ぶようになる。

③ 基本的な原則の中で、自分にとってバランスの良いシュートフォームをつくりあげる。

野球の選手が何度もバットの素振《すぶ》りをしたり、ゴルファーが合理的なスイングを求めて素振りをしたりするのと、バスケットのシュートは同じことだ。

④　あとはできるだけたくさん投げ込んで、同じバランス、同じリズム、同じフォームでシュート練習をしていけば、合理的なシュートを身につけていける。

⑤　ボールがゴールに向かってまっすぐ飛んでいかなければならない。

そのために、ミニバスケなどでは、よく両手でボールを投げることがある。しかし、これには問題がある。右と左の力加減がバランスよく始動しないとまっすぐ投げられないからだ。

そこで、重要なのはワンハンドシュートだ。**からだが小さくても、ワンハンドシュートは練習すればできるようになる。**ゴールへの目測が測りにくいから両手で投げる、という考えは、上達する段階では問題がある。可能なら、**初心者の指導からワンハンドシュートを指導してほしい。**

両手シュートは、いわゆる「おでこシュート」になる。おでこにボールを持ってこないとシュートが投げられなくなってしまう。ディフェンスが動くのに応じてボールの位置を移動するには、ワンハンドシュートが望ましいと指導している。

やみくもにボールを投げても、シュートの確率は上がらない。理想の形はあっても、その人の体格（発育発達状況）や筋力の差などから、個人差は出てくるだろう。

要は、バランスの良い、無駄のないフォームで、シュート技術を上げてほしいものだ。

●シュート成功の流れ

試合の場面でシュートを成功させるための一連の流れを確認してみよう。

まず、ドリブルとパスによってチャンスをつくる。

「安江流4つの基本」動作で、シュートをねらえる、という判断をする。そのときのタイミングと、ボールを受け取るときの姿勢に留意《りゅうい》する。

さらに、ボールを受け取った後の体勢が重要で、その体勢からのボールの投げ方に留意する。ボールをどの方向に、どの角度で、どの高さで、どんなスピードで投げるか。体勢をつくったときの、その場の位置によるボールの「軌道《きどう》」が必ずあるはずなので、その「軌道」をすべて頭に入れておくのと同時に、自分で持ったボールが、その「軌道」を確実にたどれるようにする。

シュート後、それが成功しても失敗しても、その直後の判断（相手の位置、味方の位置によって、その後どのような展開の可能性があるのか）による迅速《じんそく》な動きが大事だ。その動きはもちろん、「シュートができる」状況をつくりだすのだが、ゴール↓（ボールが戻る）↓シュートをねらう↓ゴール↓（ボールが戻る）↓シュートをねらう……の循環《じゅんかん》をいかにつくるか。くり返しの練習しかない。

それが、限りなく100パーセントに近い確率でのシュートに結びつく。つまり、いかなる状況でも冷静にボールの「軌道」を頭に描くことができ、その通りにボールを動かすことができるようになる。結果的に、自分で持ったボールが、常に軌道をたどれることになる。いかにシュートにもっていくか、そのためのパスであり、ドリブルであり、選手のあらゆる動きなのだ。安江さんの日々の課題は、その追求にほかならない。

＊　＊　＊

最後に、安江さんならではの、選手たちの「こころづくり」も紹介しよう。

① 「わかっていないのにわかったフリをする」のを見抜く。そのための観察力は必須。

② できるまで「待つ」。子どもたち（選手）は、3歩進んで2歩後退する。「今日言ったことは、明日忘れる」くらいに思ったほうがよい。そのため、反復練習が重要だ。できるまでくり返

す。辛抱《しんぼう》強く待つ。

③「考えさせる」。いつ考えさせるか。それは「できないとき」だ。できないことを、みんなの前で話させる。あるいは、書かせる。そのためには、考えなくてはいけない。「できない」のは、どうしていいかわからないからだ。わかるまで、子どもたちに考えさせ、自分で答えを出させる。その過程《かてい》がとても大切だ。

④「必ず口頭《こうとう》で言わせる」。習ったことを口頭で言わせることをくり返す。常に本人に反芻《はんすう》させるために、復唱《ふくしょう》させる。

安江流は、「秀《ひい》でていると思われる子どもを集める」よりは、何の変哲もない普通の生徒を育て上げる。環境を整えれば、普通の子でも特別になる。その子の潜在能力を見極め、丁寧に根気よく育む。技術だけではなく、日々の生活での言動を観察しながら、根っこからつくりあげていくのが、唯一の「コツ」だ。

安江満夫さんからのメッセージ

「指導する相手がいるから初めて指導させてもらっている」ということ。私は、「バスケットボールが好きな子たちがいるから、一緒にバスケットボールを指導している」ことを忘れないようにしています。

体罰・暴力などは、指導者の力不足にほかなりません。一生懸命教えたのに、生徒たちが応えなかった。それで勝手に腹を立て、行きすぎた行動になると考えられます。

生徒たちは、自分たちなりにがんばっていますが、「今日、指導してもらったからすぐできる」ことなどありません。「昼ごはんを食べたら、半分忘れる」のです。「一晩寝たら、また半分忘れる」のです。「筋肉が忘れる」のです。だから、また根気よく指導するのです。

指導者は、その場で自分は指導ができたと錯覚《さっかく》してしまいます。一つの技術、プレーなど、その場で教えてもらってできただけで、決して身についたわけではありません。できることと身につくことは違うのです。良い習慣がしっかり身につくように、焦らず根気よく指導することが大切です。

野球

「納得」の野球指導

青木秀憲さん

あおき・ひでのり

1971年群馬県太田市出身。群馬県立太田高等学校から東京大学教育学部体育学健康教育学科、同大学院教育学研究科体育科学専攻の修士、博士課程を経て、1999年より開成中学高等学校保健体育科教諭。同年より開成高等学校硬式野球部監督。太田高校、東京大学で硬式野球部に所属、大学卒業後の1995年より東京六大学野球連盟審判員。

青木秀憲さんと飛驒シューレとは、立ち上げ当初からの付き合いだ。最初の教え子たちは成人式を迎えた。最近は野球経験のない子どもたちにも野球の楽しさを伝えてくださっている。

卓球のラケットを使い、テニスのラケットを使い、おもちゃのプラスチックの野球セットを使い、バッティングの練習をする。青木さんの指導法は、理論的かつ実践的。その理論が実にわかりやすい。子どもたちが、「あっ、そうか!」と納得する、スッと頭に入ると同時にからだが動く。そんなコーチングが特徴だ。

そのユニークなコーチングは、野球指導者たちに、「目からウロコが落ちる」体験を何度もさせてきた。指導者たちが「当たり前」と思い込んでいた指導法が、いかに型《かた》にハマったものであるか。相手は小学生なのに、甲子園に出る高校のような指導法を鵜呑《うの》みにしていたり、指導者自身の学生時代の指導法をいまだに踏襲《とうしゅう》していたり。

青木さんのコーチングを知れば知るほど、「多くの指導者は、野球の原理を知らないまま教えているのではないか」と問いたくなる。

野球は得点の取り合い

そもそも野球は、何をすればよいスポーツだろうか。ピッチャーが150キロの球を投げること、ランナーの盗塁《とうるい》が決まること、野手の華麗《かれい》な守備が決まること、バッターが豪快《ごうかい》な打球を飛ばすこと? いや、それらはあくまでも手段であり、目的ではない。試合の目的について野球規則では、「各チームは、相手チームより多くの得点を記録して、勝つことを目的とする。」とだけある。

プロ野球を見慣れていると、守備陣は1試合を2〜3点に抑えるものと思いがちだ。しかし、青木さんいわく、「自分たちに8点取れる攻撃力があるなら、守備陣はおよそ7点以内に抑えられれば十分です。小学生や中学生の野球の指導者は、1試合を2〜3点に抑え、1点を争う接戦を展開するのが、いかに難しいかを感じているはずです」。

一般的に日本の野球は、守備から入り、失敗しない（失点しない）ことを重視する指導になりがちだ。打撃というのは打てて3割、あまり当てにならないから、エネルギーをそそぐのは効率が悪い、と考えられるからだろうか。

しかし、「野球の本質は、得点の取り合いです。失点しても、それを上回る得点が取れればいいのです」というのが、青木さんの単純明快な答えだ。

しっかりスイングする

青木さんが考える野球のしくみはこうだ。

「得点は打者が一塁、二塁、三塁と進塁し、最終的に本塁に到達すると1点が与えられるルー

表1　ゴロとフライのメリット、デメリット

	ゴ　ロ	フライ
メリット	打球後、すぐに進塁を始められる可能性がある。	ホームランの可能性がある。また、ダイレクト捕球されなければ、多くの進塁を見込むことができる。
デメリット	内野内で野手に捕球される恐れが高いため、打者、走者ともアウトの可能性が高まる。また、球が塁に近い位置にあるので、あまり多くの進塁は見込めない。	ダイレクト捕球されると打者はアウトになってしまう。他の走者は、野手が球に触れるまで進塁を始められないので、その場合は多くの進塁が見込めない。

（出所）青木秀憲さん作成。

ルです。ただ、進塁にはリスクがあり、塁を離れているときに球をタッチされるとアウトになるなどの危険が潜《ひそ》んでいます。走者はその危険をかいくぐりながら本塁をめざします」

ということは、当然、塁が置かれている内野付近に球があるときは進塁しにくいわけだ。

青木さんは続ける。「したがって、より多くの進塁をしたい場合には、打者が打球をできるだけ外野の奥深くに飛ばし、守備側がその球を内野に戻すまでにより多くの時間がかかる状況をつくればよいということになります。ただ、『より多くの時間がかかる』という点では、打球がフライになってしまうと、その滞空《たいくう》時間中にたくさん進塁できてしまうので、それではちょっとおもしろくない。そこで、フライの場合は直接捕球《ほきゅう》されたら打者はアウト、走者も野手がその打球に触《ふ》れた瞬間からしか進塁が始められない決まりがあります。これは単に競技をおもしろくするため、難しい言葉で言うと『競技性を保つ』ための決まりごとにすぎません」

このしくみから考えると、打者にとって、ゴロを打つかフライを打つかには、それぞれメリットとデメリットがある（表1）。

「フライは、野手が球に触れるまで進塁を始めることができません。そうなると、初めからあえてゴロを放ってすぐに進塁を始められる権利を獲得するか、フライをダイレクトで捕球されるリスクを背負ってでも遠くまで飛ばして、進塁のための時間をより多く稼《かせ》ぐことに挑戦するか、チームカラーや場面によって戦術に違いが出てきます。ゴロのメリットを求めた打撃が、送りバントとか、いわゆる『右打ち』。フライのメリットを求めた打撃が、一か八かのフルスイングです」。このように青木さんは整理する。

どちらを追求するかは意見の分かれるところだが、子どもたちにとって「初めての野球」という段階では、「何が楽しいか」の観点で考えるべきと、青木さんは言う。自分の力で物体が遠くまで飛んでいく快感は、何物にも代えがたい。だから、多少のリスクを負ってもフルスイングする、という指導が欠かせない。

ゴロのメリットを生かした打撃は、「チームが勝つと楽しい」という、次の段階の楽しさ。「初めての野球」の段階で求める楽しさではない、というのが青木さんの考えだ。

さらに青木さんは、「日本ではチームプレーとか自己犠牲とかいった精神をあまりにも早い段階から叩き込み、試合を優位に展開することばかりを優先する傾向があります」と前置きしたうえで、次のように現状を分析する。「遠くに飛ばせる選手が打ちそこねたり、場面に応じて意識してゴロを打つことは可能ですが、ゴロばかりを打つ選手や遠くに飛ばせない選手が誤《あやま》って大きなフライを打つことはほとんどありません。その点からすると、どちらも打てる選手のほうがよりレベルの高い選手ということになり、スポーツ指導の観点からも、遠くに飛ばせる選手を育成することは、レベルの高い指導ということになります。残念なことに日本では、幼少期の指導からとりあえずバットと球を当てること、ゴロを転がして少しでも進塁に貢献することなどを偏重《へんちょう》し、空振りすること、フライを上げることは、必要以上に悪とされる傾向がありました。多少のリスクを負ってでもフルスイングすることを初めに指導されていれば、もっとスケールの大きな選手になっただろう事例をたくさん見かけます。松井もイチローも大谷も、意識的に育成できるのです」

フルスイングを促すゲーム

飛騨での野球教室のとき、青木さんはこんなゲームをした。

打者は年齢に応じて、低学年ならティー台に置いた球を打ち、高学年なら投手が投げた緩《ゆる》い球を打ち返す。

守備側はフェアグラウンドのどこで守ってもいい。球を捕ったら、どんな方法でもいいので、投手周辺に描いた円の中に球を戻す。

フライは、一定の距離以上飛んでいれば、ダイレクトで捕ってもアウトにはならない。その距離まで飛ばなければ、ダイレクト捕球でアウト。

打者は、球がこの円内に戻ってくるまで進塁を続けることができ、1つの塁を進むごとに1点ずつ与えられる。本塁まで戻ってきたら、2周目に入って、5点、6点……とねらってもいいというルールだ。

このルールなら、ベース周辺のクロスプレーは存在せず、走者を残して複雑なプレーをする必要もない。とにかく、球が投手周りの円内に戻るまでの時間に、どれだけたくさん走れるかを競う遊びだ。

そうすると、打者はより遠くへ飛ばそうと努力するし、守備側は野球の通常のポジションにとらわれることなく、球の飛んできそうなところを予測して守り、より早く円内に球を戻すために様々な工夫をする。捕球した子どもが自分で走って円に持ち込むこともあれば、球を投げて誰かに渡し、それをくり返して円に戻すこともある。教えなくても、自然に「連係《れんけい》プレー」を始める。

青木さんは言う。「野球は基本的に、球を打つことによって試合が展開します。あくまでも打つことが先にあり、守りはそれに応じて後にあるのです」

ちなみに、野球が発祥《はっしょう》した頃、打者が打ちやすい球を投げることが投手に求められていたそうだ。それを打者が打たないと、審判から「ストライク（打て）！」と命令されるというわけだ。

勇気を出してバットを振る

青木さんが顧問を務める高校では、打つ練習に強いこだわりを持って、多くのエネルギーを費《つい》やしている。しかし、良いスイングができるようになった選手でも、試合になると、「うまく打ちたい」という気持ちから、からだが動かなくなるという。「球を慎重に見すぎて、打席でスイングできなくなる選手が多く見られます」。バットを振れたとしても、恐る恐る振っている感じで、とても本来のスイングにならない。

そういうときに青木さんがかける声は、「次の球、絶対振れ！」

もちろん、相手にも聞こえるように言うそうだ。どんなボール球を振ってもオーケー。明らかにボール判定の球を振っても、たかだかストライク1つ。「それでも勇気が出なければ、3球連続で同じことをさせる」と青木さんは言う。絶対にバットが届かない球を投げられて、三振してもかまわない。それでもたかだかアウト1つ。「その勇気を引き出すために、厳しく大きな声で指示を出す」のが青木さんの押さえどころだ。

こんなことは、野球をやり慣れている選手には理解できないかもしれない。しかし、大半の選手は、まず打席で自分のスイングをすることに苦労する。だから、やみくもでもいいからスイングさせる。そこから、「あっ、今のは早すぎた」、「今のは遅すぎた」、という感覚を自身が感じ取り、徐々《じょじょ》に調整ができるようになっていく。

打つタイミングを身につける

この方法は、青木さんの経験上、速い球を打つ練習に向いているようだ。打席で振らずに球を見すぎていると、速い球はますます速く感じてしまう。しかし、ここは理屈で考えてみよう。投手が球を手放した瞬間にバットを振りはじめたら、タイミングが早すぎる。一方、捕手のミットに球が収まった瞬間に振りはじめたら、遅すぎる。ということは、この両者の間のどこかに、適切に打てるタイミングが必ず存在する。青木さんの考えは、「速い球が打てない要因には、慎重に球を見すぎて、適切なタイミングを逸《いっ》してしまうことが大きいと思います」。

理科や算数で習うような、速さ・距離・時間の関係から考えれば、たとえば時速150キロ

表2　投手が球をリリースしてから打者の一般的なミートポイントに到達するまでの時間（概算）

球速（時速）	時間
150キロ	約0.41秒
130キロ	約0.47秒
100キロ	約0.61秒
80キロ	約0.77秒

（注1）ピッチャープレートからホームベースまでの距離は、一般の野球で18.44メートル。投手のリリースポイントはプレートより前（打者寄り）になる一方、打者のミートポイントはホームベースよりも前（投手寄り）になることも多いため、ここでは、投手が球をリリースする位置からミートポイントまでの距離を17メートルと仮定して時間を計算した。
（注2）実際の投球は、リリース直後の球速のまま打者に近づくのではなく、少しずつ減速しながら近づく。したがって実際には、この表の時間よりも少し長くかかることが予想される。
（出所）青木秀憲さん作成。

の投球が投手の手を離れて打者のミートポイントに来るまでの時間は決まっているので（表2）、当然、それを打てるタイミングも決まっている。

打者は、投球がストライクなのかボールなのか、直球なのか変化球なのか、といった情報を、なるべく正確に集めてから、打つかどうかを決めたいはずだ。しかし、自分の手に負えない速さの投球だった場合、自分が満足するまで情報収集していたら、もう間に合わない。表2からわかる通り、球速ごとに打てるタイミングはおおよそ決まっているので、情報収集が不十分でも、そのタイミングで勇気を持って振りはじめる以外、打ち返す方法はない。

そのタイミングまでに直球と判断したのであれば、直球だと信じて振りはじめる。球が曲がって空振りになっても、仕方がないと割り切るしかない。

「打つことに慣れている人、卓越《たくえつ》した運動能力を誇る人、大量の練習をこなせる状況にある人は、こんな理屈を考えなくても、自然にからだが覚えていくでしょう」と青木さんは言う。しかし、すべての選手がそうではない。指導者自身がこうした理屈をわかったうえで、それをどのように選手に伝えていくか。それが指導者の能力であり、醍醐味《だいごみ》だと、青木さんは言う。

技術を磨き、発揮すること

試合で打つことは、あまり確率の高い技術ではない。だからこそ、「うまくいったらもうけもの」くらいの感覚で臨むことができる。

一方、守備は、100パーセントできることを要求される。1つでもミスがあると、とても悪いことをしたように感じてしまう。

青木さんはこの状況について、「日本では、失敗をしてはいけない技術で成り立つスポーツは、概《がい》して指導が抑圧《よくあつ》的になる傾向があるように思います」と分析する。特に野球に関しては、「本来、野球には打撃と守備という、『失敗への寛容《かんよう》さ』の異なる2つの側面があるのに、日本では守備のほうを偏重してしまう傾向があります。それが野球の指導を抑圧的にしている一因と考えます。抜群《ばつぐん》の能力を有する子どもはともかく、ごく普通の子どもなら、2〜3回に

1回くらいエラーするものと考えるのが自然でしょう」と言う。

一方、攻撃する側が、相手のエラーを期待して、ゴロやバントばかり仕掛《しか》けたり、四球（投手のエラー）を期待してバットを振らなかったりという指導をすることがある。青木さんの考えは、「小学生、中学生の野球なら、こうした指導で手っ取り早く勝つことはできます。しかし、レベルが上がれば上がるほど、〝相手のミスを期待する野球〟は通用しなくなります。また、こうした指導による野球を少年期から強《し》いることになれば、こざかしくうまい選手はつくれても、日本を背負って立つようなスケールの大きい選手は生まれません」。

結局は、投げる、捕る、打つなどの、野球の基本技術をしっかり磨き、それを発揮した者が勝つ。「相手のミスを期待する野球の蔓延《まんえん》は、日本全体の野球のレベル低下につながる」と青木さんは言う。

青木さんは、高校野球の指導者なので、時として厳しい物言いもする。それは、「ゲームにおいて、自分が練習した技術を、勇気を持って発揮しようとしなかったとき」だ。選手たちは、下手は下手なりに、投げる、打つ、守る技術を、練習で身につけている。しかし試合になると、萎縮《いしゅく》したり、必要以上に興奮したりして、自分の本来の技術を発揮しようとしないことがある。青木さんいわく、「結果を恐れず、ふだん通りの動きに徹《てっ》する。その気持ちを後押しすることが、指導者の役割のひとつだと考えています」。

＊＊＊

青木さんは、子どもに一対一で教えるとき、子どもの背丈まで腰を折って話す。子どもがうまく動けなくて不安そうな顔をすると、「いいんだよ」「大丈夫」と声をかける。子どもたちが「野球は楽しい！」と思うにはどうしたらいいか、青木さんはちゃんとわかっているのだな、といつも思う。

青木秀憲さんからのメッセージ

100人の選手がいれば100通りの指導方法があります。誰しもうまくいった経験があると、その後それにすがりたくなる気持ちが出てきます。しかし、指導にはマニュアルはありませんし、つくることもできません。面倒なことかもしれませんが、その都度《つど》その都度考えつづけてください。指導することは、試行錯誤《しこうさくご》しつづけることだと思います。

サッカー

長い目で見守る指導

半谷真一さん
はんや・しんいち
総合型地域スポーツクラブFCゴール　クラブマネジャー。NPO法人FCゴール理事長。一般社団法人KISSインターナショナルインスティテューツ代表理事。日本スポーツ協会公認ジュニアスポーツ指導員。日本スポーツ協会公認クラブマネジャー。日本サッカー協会C級コーチ。2012年日独青少年指導者セミナーに日本派遣団員として参加。

半谷真一さんはサッカーが専門だが、サッカーにこだわらないコーチングが特徴だ。大きなボール、小さなボール、柔らかいボール、硬いボール……丸くてポンポン跳ねるものがあれば、半谷さんは、あっという間に子どもたちを喜《よろこ》ばす。まるで、ボール遊びのマジシャ

ンだ。

ボールの上にボールをバウンスさせて、それをボールでキャッチしたり、大きなボールをジャグリングしたり、ボールをまるでからだの一部のように動かす。子どもたちには「見せる」ことが大切、というのが半谷流のデモンストレーション。そのための努力を惜《お》しまないのがコーチングの鉄則という。子どもに「動き」をさせるだけでなく、コーチ自身が「動き」ができなきゃNG！　筋《すじ》が通っている。

一律《いちりつ》のプログラムはありえない

半谷さんは、サッカー指導のノウハウ以前に知っておくべきことがある、と言う。それを押さえたうえで、子どもたちを楽しませ、子どもたちがからだを動かすのを大好きになって、やっとサッカーにとりかかる。時間がかかることをいとわず、子どもたちの姿を見守りながらとりくんでいる。なお、ここでいう子どもたちは、未就学児や小学3年生くらいまでの子どもたちを前提とする。

サッカーは最後の段階でやるもの、という半谷さんに、こんな質問をしてみた。

「サッカーをやってみたいという子どもが半谷さんのクラブに来たとき、どのようなことから始めますか?」すると、「まず、どうしてこのクラブに来たのかを、保護者から聞き出します。どのようにしてこのクラブを知ったのかもお聞きします。要するに、親のニーズを聞き出すことが必要です。そのプロセスの中で、弊《へい》クラブが考える子どものスポーツやサッカーについてお伝えします」と返ってきた。

半谷さんは、サッカーありきではなく、あくまで子どもの発育・発達レベルを観察しながらおこなう。そうなると、子どもや保護者の中には、物足りなさを感じる人も出てくるのでは?

「確かに保護者の多くは、わが子がみんなと同じことをおこなえることを強く望んでいます。しかし、一人ひとり顔かたちが違っているように、運動能力や発育・発達には違いがあります。子どもの興味関心が全く同じということはありえません。ある子はボールに興味を示さずに、砂遊びやアリさんとの遊びを始めることもあります。それを見たお母さんは、『みんなと同じようにしなさい』なんて言いますよね。『みんなと違っていたっていいじゃない』っていうアドバイスを、私は保護者に向けておこないます」

このプロセスを飛ばして半谷さんのクラブに参加してしまうと、スポーツに対する基本的な考え方に差異《さい》が生じかねない。

だから、クラブに入って何カ月目はこれをする、というような、一律のプログラムは「全くない」という。子どもに合わせて、あの手この手でアプローチし、意識の集中を体感させるよ

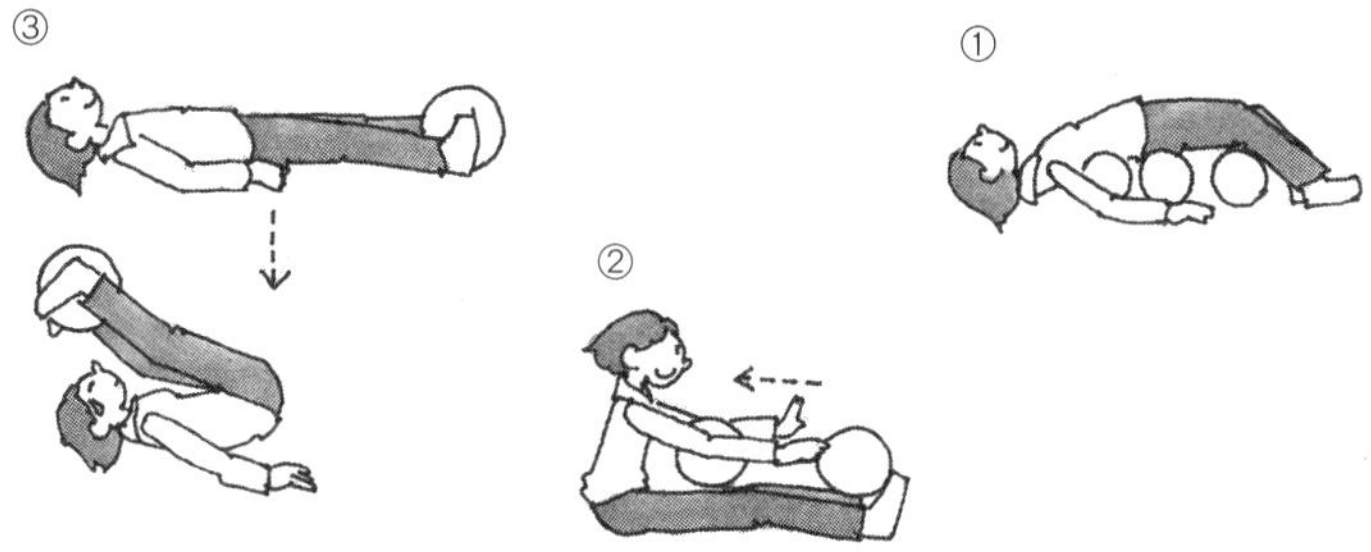

うにしている。

⚽半谷流「ボール遊び」

以下は、半谷流ボール遊びの一例だ。

一人ひとりがボールを持って遊ぶゲーム
① ボールを背中の下に入れ、肩の位置から腰の上のあたりまで、ボールをゴロゴロ動かす。
② 足を伸ばして座位《ざい》、足先からおへそあたりまで、その上に両手でボールを転がす。
③ 足先にボールをはさんでそのまま仰向《あおむ》けに転がる（からだを曲げて足先を床につける）。

全員で遊ぶゲーム
2組に分かれる。それぞれの組は、決められた中央線から

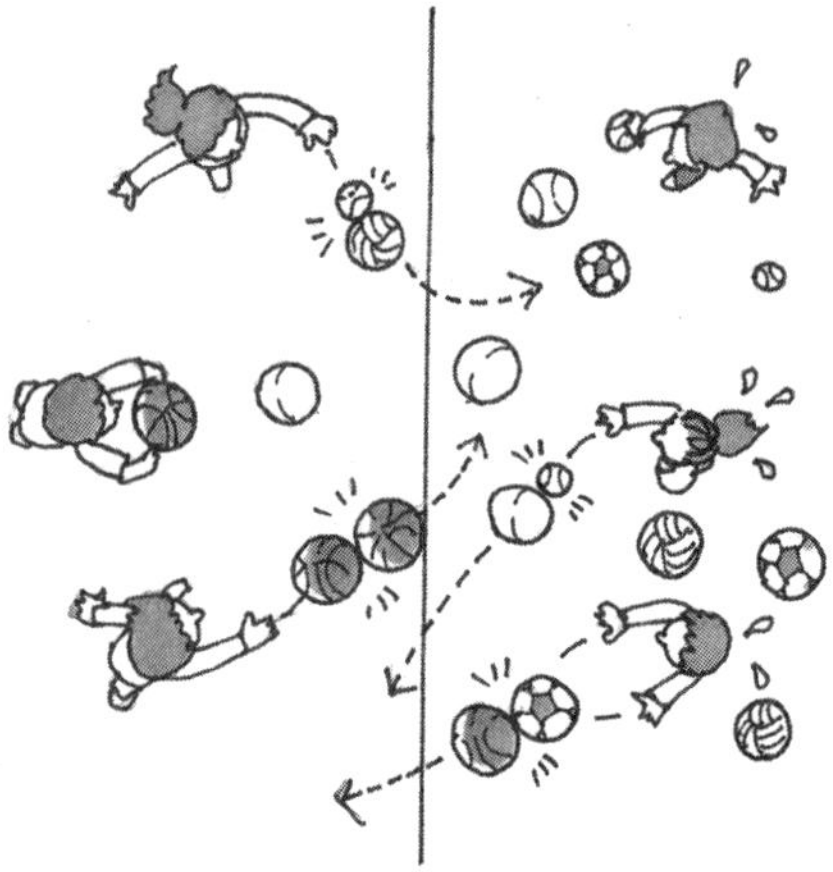

転がっているボールにボールをぶつけて相手陣地へ

2メートルほど離れ、横並びに向かい合う。その中央線から自分たち側が陣地。

あらゆる大きさのボールを、それぞれが1つずつ持つ。お互いの陣地の床にもボールを転がしておく。

コーチの「レディ・ゴー!」のかけ声で、子どもたちは、転がっているボールに手持ちのボールを投げてぶつけ、向こう側（相手の陣地）へ転がすようにする。相手から来たボールもまた、手元に来たボールをぶつけて相手の方向へ戻す。こうして、できるだけ自分たちの陣地にボールがないようにする。陣地内のボールが「少ない」ほうが勝ち、というゲームだ。

このゲームのねらいは、ボールにボールを当てる、という「巧みさ」と、当てた勢いでボールが転がる、という「パワーの伝達」が、遊びの中で培われることだ。

コーチが知っておくべきこと

半谷さんが語ってくれた「コーチが知っておくべきこと」を、いくつか列記《れっき》したい。

① 子どもが成人した頃の姿をイメージする。

往々《おうおう》にして、その子どもの現在の姿をそのまま見てしまうのだが、彼または彼女が成人レベルになったときに、どのようにスポーツと関わっているのかをイメージする。他の子どもと比較することなく、可能性を考える。

アスリートになっているかもしれないし、コーチになっているかもしれない。あるいは、スポーツとの関わりを全くなくしているかもしれない（それだけは避けたい）。

② 子どもは一人ひとり違った個性を持ち合わせている。

早咲きの子もいれば、遅咲きの子もいる。今は走るのが速かったり、遅かったり、からだが小さかったり、大きかったり、優しくて穏《おだ》やかだったり、言葉づかいが乱暴だったり……。それが5、6年経つと、それぞれに大きく成長している。

年長さんと1年生ではぜんぜん違う。3年生と4年生だと、4年生のほうが立派に見える。

中学生、高校生になればさらに立派に見える。一人ひとり違っている、だから楽しい。

③　子どもを長いスパンでとらえる。

ともすると指導者は、子どもたちを一様に扱いたいと考えてしまうが、そもそも同じようにすること自体ムリがある。練習メニューも一律に準備しがちだが、それもムリなこと。そこに、トレーニングがうまくできない理由があるように思われてならない。

一人ひとり違うのだから、それを理解し、さらに成人期を迎えるまでの長いスパンで、その子の成長をとらえつづけるべきだ。たとえば、スポーツ少年団の指導者は、活動は小学校卒業まで、ととらえるのではなく、中学・高校まで末永《すえなが》く見すえながら子どもたちと関わってもらいたい。が、それを子どもたちに強要するのではなく、いつも扉を開いて、遊びに来られるような関係をキープしてほしい。

④　子どもにとって、運動遊びやスポーツ遊びの場が、居場所であってほしい。

単にからだを動かす場、スポーツして汗をかく場ではなく、「ココロのよりどころ」になってくれたらいいなと思う。

未就学の子どもや低学年の小学生たちは、居場所などということは全くわからないが、彼ら・彼女らも、知らず知らずのうちに、保護者から兄弟姉妹と比べられたり、理由がないのに怒られたりと、恐怖や不安を少なからず持ち合わせている。自由にのびのびと過ごせる時間のひとつが、運動遊びやスポーツ遊びであっていいのではないか。

そこで出会う、溌剌《はつらつ》としたお兄ちゃんお姉ちゃんのプレーする姿に接し、憧れる……。そんな好循環《こうじゅんかん》の場であってほしい。

⑤　小学校低学年では、様々なスポーツをすべき。

幼児期〜児童期〜青年期へと成長していく中で、「運動遊び」「スポーツ遊び」→「スポーツ」→「アスリートへの可能性」という流れが秘《ひ》められていると思う。さらに、競技生活を終えた後にも、その後の生涯スポーツの道へとつながる。

だからこそ、小学校低学年では、様々なスポーツをすることがとても大切だ。

⑥　スポーツは、遊び、気晴らし、楽しむことに尽《つ》きる。

そもそもスポーツとは、その行為で気晴らしをしたり、遊んだり、からだを動かしたり、楽しむことそのもの。

ラテン語の desport が Sport の語源と言われる。des は「しない」、port は「港」＝「働くところ」といったニュアンスらしい。desportは、仕事をしない＝気晴らしをする＝リフレッシュする＝からだを動かす＝楽しむ＝遊ぶといったように理解できる。

半谷さんの言う①から⑥までの「知っておくべきこと」は、実は「当たり前」のことだ。コーチと子どもは、決して主従《しゅじゅう》関係ではない。号令一下《いっか》、笛の音でコーチの思い通りにする……子どもにとって、コーチがまるで調教師になってしまっては、元も子もない。

＊　＊　＊

最後に、半谷さんからうかがった、印象的なエピソードを紹介したい。

ある中学3年生の男子の話。彼は、友人が高校受験の希望校基準を、「自分に合う部活があるかないか」で決めている姿に疑問を感じ、信頼のおける教員に相談した。「(友人は部活内容で高校を決めると言うが) 自分はそういう気持ちはなくて、むしろ、高校で運動部の活動をしようかどうか迷っているくらいです。果たして受験校は、部活で決めるものなのでしょうか」。自身も受験校の選択に不安を持っていたからだ。

確かに、彼は、中学校で運動部活動を続けてきたのだから、みんなと同じように高校でも運動部で活躍してみようと希望を持ってもおかしくない。しかし、彼は「運動部の活動は、もうしたくない」と思っていたのだ。半谷さんはこの話を本人から聞いたとき、中学校での部活動でいったい何があったのか……と思った。いわゆるバーンアウトでもない様子なのに……。

実は、その彼は今、半谷さんのクラブに関わり、子どもたちに大人気のコーチとして、運動遊びやボール遊びを創意工夫し、実践している。自分だけのスポーツにいそしむ時間を持ちながら、子どもたちとスポーツを楽しむ時間を共有し、保育士か幼稚園教諭になりたい、という具体的な目標を見出しはじめたのだ。あくまでも半谷さんの推測《すいそく》だが、きっと彼は、勝利至上主義の部活に、スポーツとしての意義を感じなくなってしまったのではないか。本来スポーツとは楽しいものであり、イヤイヤすることではないはず、と自身で気がついたのではないか。だから、中学校での部活をそのまま引き継《つ》いだような高校での部活には関わりたくない、と思ったのではないか。だからこそ今、彼の考える「子どもとスポーツのあり方」を実践できるのではないか。

半谷さんのクラブとの出会いで、きっと彼は開眼《かいがん》したのかもしれない。「これが自分の考えていたスポーツだ」と思ったのかもしれない。子どもたちの憧れのコーチは、中学時代の経験が反面教師になったのかもしれない。中学生や高校生たちに、勝利至上主義ではないスポーツがあることを知らしめれば、ハッと気づく子もいるはずだ。子どもたちに「スポーツとのイイ関係」を伝えれば、その中の誰かは、その「イイ関係」を良しとし、次世代につなごうとする。

そしてまた……そのくり返しが、変化をもたらす。いつかスポーツの本質を心得たスポーツ観を持った大人を輩出《はいしゅつ》することができる。

「このようなケースはまだまだあると思います。私たちスポーツ指導者は、このような人たちを発掘し育むことも、大きな仕事のひとつだと思います」と半谷さんは言う。

半谷真一さんからのメッセージ

長い目で見て、発育・発達に応じたコーチングが大切だと思います。この子が17、18歳になった頃をイメージして、コーチしてほしいと思います。

III
イイ関係に向けたアドバイス

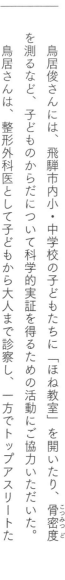

骨の基礎知識

鳥居 俊さん
とりい・すぐる
スポーツドクターとして、主に陸上競技選手のサポートに従事（1990年北京アジア大会、92年バルセロナ五輪～2016年リオデジャネイロ五輪、17年ロンドン世界陸上に帯同）、また発育期の身体活動と骨や筋腱など運動器との関係について研究を継続。長寿日本において、100歳まで使える運動器をつくりたい。
★ウェブサイト　早稲田大学スポーツ科学部　鳥居研究室　http://torii-waseda.sakura.ne.jp/torii-waseda/

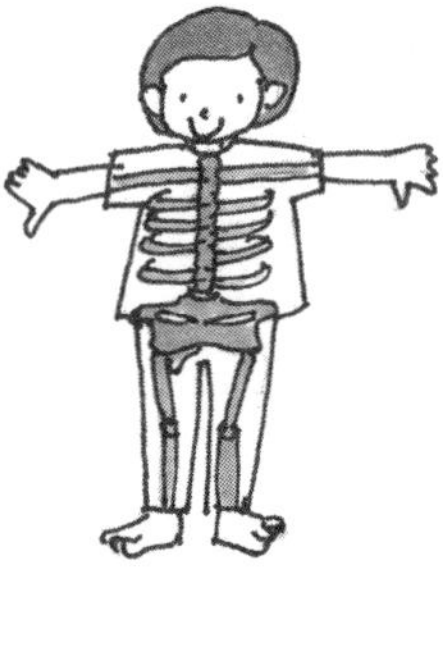

鳥居俊さんには、飛騨市内小・中学校の子どもたちに「ほね教室」を開いたり、骨密度《こつみつど》を測るなど、子どものからだについて科学的実証を得るための活動にご協力いただいた。

鳥居さんは、整形外科医として子どもから大人まで診察し、一方でトップアスリートたちの医科学サポートにも携わっている。

飛騨の「ほね教室」では、骨標本「ほね太郎くん」を相棒に、「骨はとても大切」ということを、クイズを交えながら話してくださった。目を輝かせて耳を傾けていた子どもたち。大人になっても「骨の大切さ」を忘れないに違いない。

以下、骨の基礎知識について、鳥居さんにご執筆いただいた文章を掲載する。——山田ゆかり

スポーツ選手のからだ、骨

昔から、スポーツ選手やスポーツ愛好者は、骨や筋肉が発達したたくましいからだをしていると思われています。実際、オリンピック選手のからだつきを見ると、競技・種目によって違いはあっても、一般人に比べて、きりっと研《と》ぎすまされたような感じがします。

では、その「中身」を見ていきましょう。からだの「中身」は大まかに骨、脂肪、除脂肪組織（骨と脂肪以外のすべての中身、主に筋肉や内臓）に分けられます（身体組成《そせい》はこのような3つの成分の割合を計算します。体脂肪率というのは脂肪の量が体重の何パーセントか、計算したものです）。

スポーツ選手の身体組成で一般人と異なっているのは、脂肪が少なく除脂肪《じょしぼう》組織（なかでも

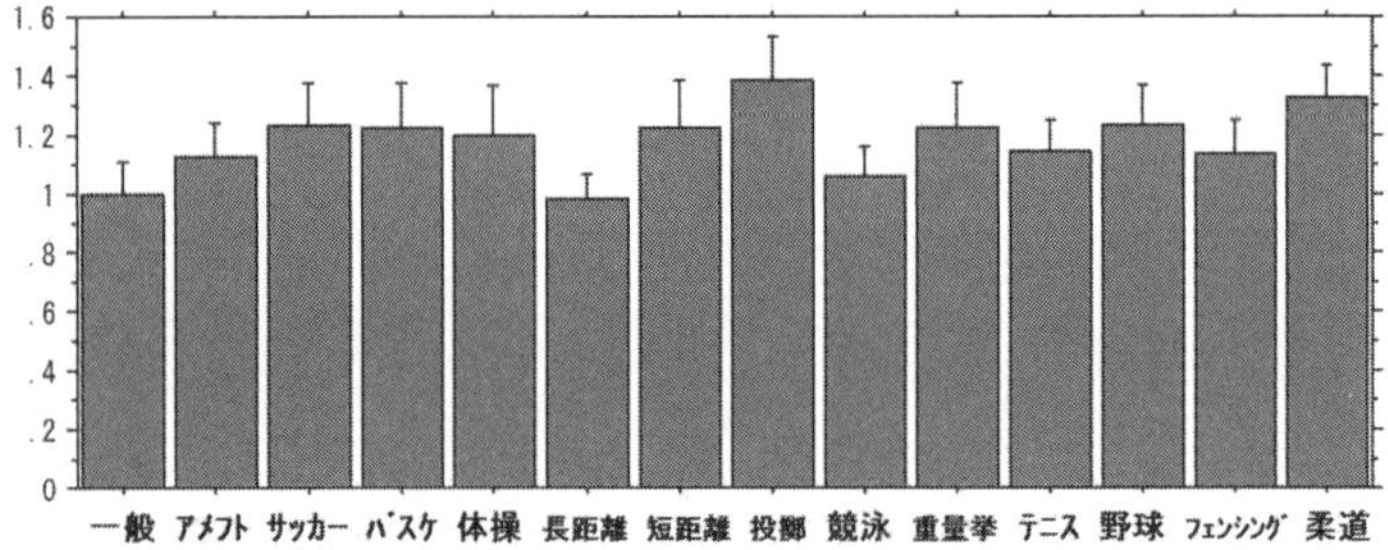

図1　男子大学生運動部員の腰の骨密度の比較（単位：g／㎠）

筋肉）が多いことです。その結果、体脂肪率は一般人より低くなります。

骨はどうでしょうか？　骨の発達ぐあいは骨の強さで検討するのがよいのですが、からだの中にある骨の強さを直接測《はか》ることはできません。そこで、骨の重さや密度を測定し、その結果を用います。こうした値を骨量《こつりょう》、骨密度と呼びます。

スポーツを続けることによってどれぐらい骨が強くなるのかについて、小・中学生で多種類のスポーツを続けている人たちの比較をすることは難しいため、大学生のデータを紹介します。図1は男子大学生で、高校時代から特別に運動をしていない一般大学生と、いろいろなスポーツの運動部員とで、腰の骨密度を比較したものです。

体重が軽い長距離走選手や、重力負荷《ふか》が加わらない水泳選手は、一般大学生とあまり変わりませんが、他のスポーツの運動部員では、10パーセントから40パーセント近く高い骨密度になっています。

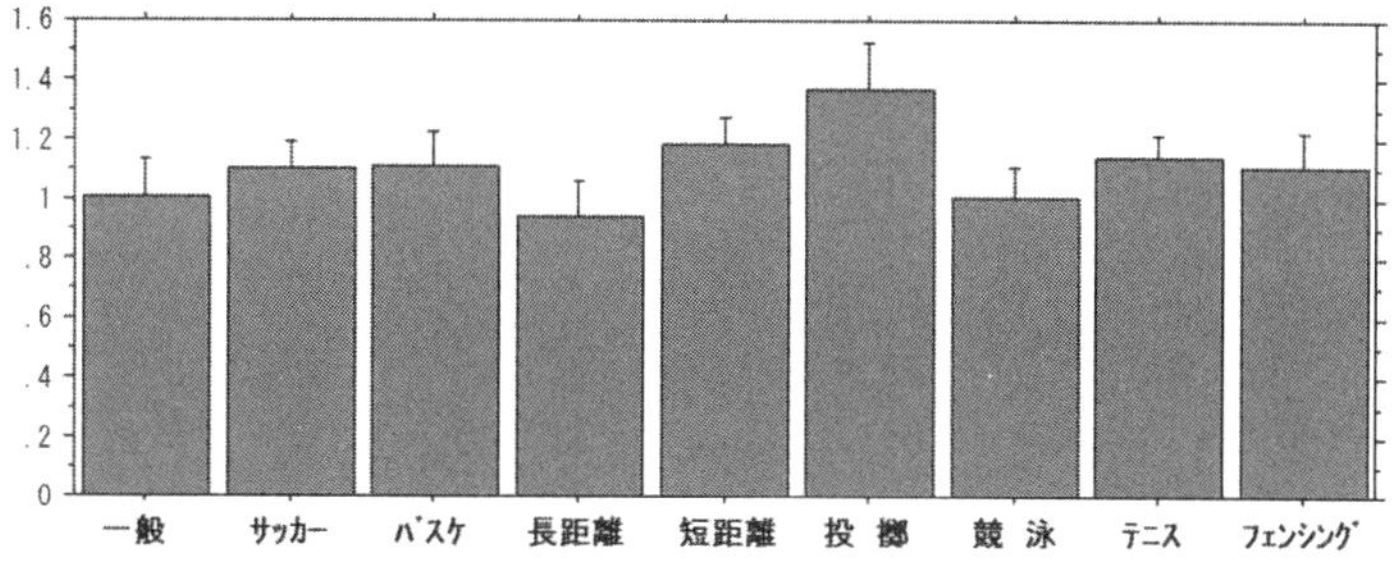

図2　女子大学生運動部員の腰の骨密度の比較（単位：g／㎠）

同様に、図2は女子大学生での比較です。やはり、長距離走選手と水泳選手以外の運動部員では、一般大学生より高くなっています。つまり、男女とも、強い負荷が加わるスポーツをしている運動部員で、より高い骨密度になっていることがわかります。

次に、テニス部員で、ラケットを持つ利き《き》腕と非利き腕との間でどれぐらい腕の骨密度の差があるかを図3に示します。男女ともに5〜6パーセントの骨密度の違いがあり、明らかに利き腕で高い骨密度になっています。特別な運動をしていない場合でも、利き腕は2パーセント程度高い骨密度になっているので、テニス部員ではその差が2・5〜3倍に大きくなっていることになります。

図4は中学2年生の野球部員の骨格です。野球を始めて6年目ですが、投球側の右腕の骨の量が左腕より12パーセント近く多く、骨密度は右腕がほぼ5パーセント高くなっています。実際、見た目にも、右腕の特に上腕《じょうわん》骨が太くなり、濃い（白い）

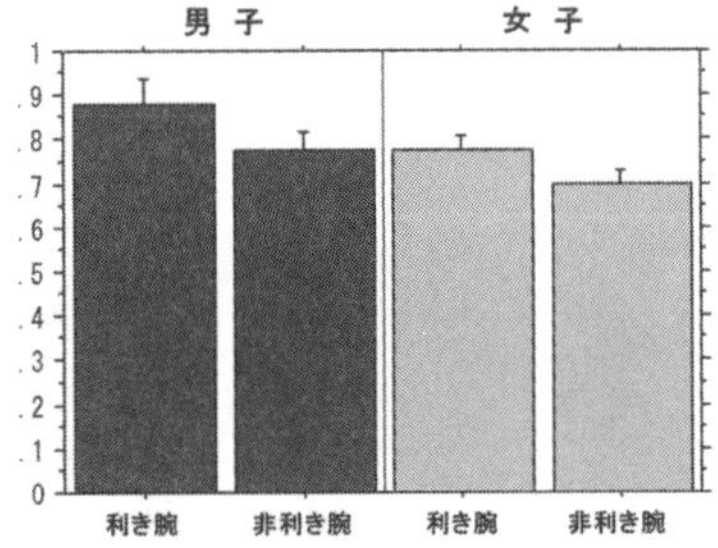

図３　男女大学生テニス選手の腕の骨密度の比較

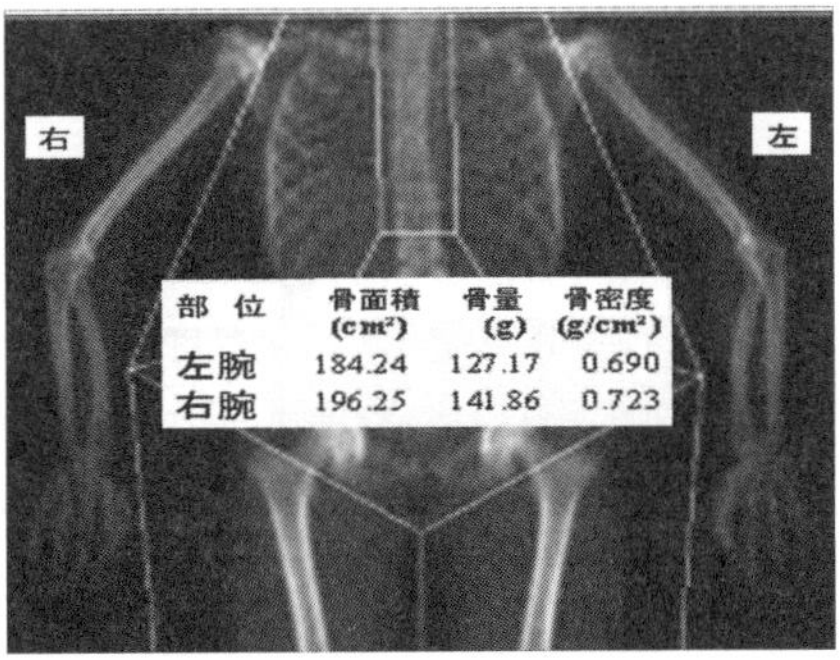

図４　中学生野球選手の右腕

骨になっているのがわかると思います。

以上のことから、骨は強い負荷を加えるとそれに応答して強くなり、高い骨密度になる、そして、負荷をかけた部位でそのような応答が起こるということもわかります。

骨を増やす発育期

ここまで述べたような骨の量や密度の変化は、大人になってからでは起こりにくく、小・中学生の頃に活発にスポーツをおこなうことで、より多く、強くなる変化が起こると考えられています。

特に、骨の量が最も増えるのは、身長が最も伸びる時期の前後4年ぐらいの間です。平均的には、男子では小学6年生から中学3年生ぐらい、女子では小学4年生から中学1年生ぐらいの間に、大人になったときの骨の量の3〜4割を蓄《たくわ》えるようです。

図5は、身長が最も伸びる時期（PHVage 0）を基準にした、骨の量の増加時期を示しています。PHV age＝1、つまり身長が最も伸びる時期の1年後ごろに骨が最も増え、その時期の年間増加量は300gぐらい、ということになります。*1

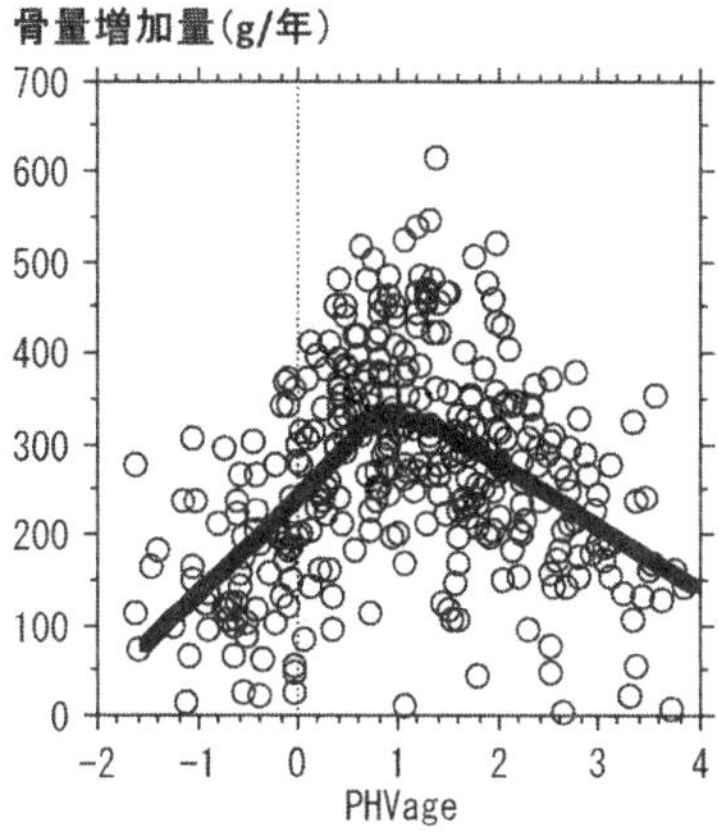

図5　骨量が最も増える時期（日本人男子）

骨をしっかりと増やすには、スポーツを活発におこなうとともに、骨をつくる材料（栄養）をしっかりと摂取《せっしゅ》することも不可欠です。カルシウムやタンパク質、ビタミンDなどをバランスよく、いろいろな食材から摂取できることが理想です。

しっかりと食べて、しっかりとからだを動かし、ぐっすりと眠る、この3つが骨を強くするために必要なことで、スポーツを定期的におこなうことで、食事も睡眠も良好な状態に整えられることが知られています。子どものときからのスポーツの習慣は、大人になってもからだを健康に維持《いじ》するために役立ち、骨を維持することにもつながります。

骨の強さを知る

子どもも大人も、自分の骨の強さを知る機会はなかなかありません。女性は骨粗《こつそ》鬆症《しょうしょう》に早めに気づくように、多くの地域で40歳以上になると骨密度測定がおこなわれます。最初におこなわれるのは超音波法の装置で足の踵《かかと》の骨を測るものです。X線を使う正確な方法に比べて簡《かん》便《べん》で短時間で測ることができるため、検診では広く用いられています。

この装置では、小・中学生でも測定することができます。私の研究室では、首都圏の小・中学校の児童生徒の骨密度測定を依頼《いらい》され、いくつかの学校で測定をしてきましたが、以前に同様の測定を、冬になると運動の機会が少なくなる山の村の小・中学校で測定したことがあります。

また、このような測定では、結果として出た骨密度の数値が高いか低いかだけでなく、なぜ高いか、なぜ低いか、どうしたら高くできるかを考えるために、骨についてのわかりやすい講習会をします。山の村でも「ほね教室」という名前で子どもたちに話をしました。夏は屋外《おくがい》で太陽の光を浴《あ》びてしっかりとからだを動かし、冬の間も校内や室内で可能な運動をすることで骨に刺激を与えてほしいということや、骨をつくるための材料となる栄養素（カルシウム、タンパク質、ビタミンD）をしっかりと摂取すること、睡眠もきちんととること、などを伝えましたが、その効果が出ていれば幸《さいわ》いです。

長寿社会を生き抜く骨をつくる

２０１８年現在、日本人の平均寿命は、男性が81・０９歳、女性が87・２６歳になりました。[*2] 90歳まで生きる人は男性で４人に１人、女性では２人に１人となり、90歳まで生きることが珍《めずら》しくない時代になっています。

そうなると、その年齢まで健康な骨を維持することが必要になります。男性も女性も、高齢になると骨の量も密度も下がっていきます。特に女性は50歳頃の閉経期《へいけい》に急激な減少にあうので、骨粗鬆症のリスクが高くなります。現状では70歳代で、男性の20パーセント以上、女性の40パーセント以上の人たちが骨粗鬆症の範囲に入ってしまいます。[*3]

これを予防するには、人生で最大の骨の量（peak bone mass）に達する若年《じゃくねん》成人期に蓄えている量をより多くすることが考えられます[*4]。また、最も骨を増やせる時期は前述のように最大身長増加の時期の1年後を中心とした4～5年間です。この時期にしっかりと骨を増やせる生活をすることが望まれます。

日本の子どもたちの現状

文部科学省、スポーツ庁では、小・中学生の体力、運動能力だけでなく、運動時間などの調査結果も公表しています。2017年度の秋に公表された小・中学生の運動時間[*5*6]は図6のようになっており、日本スポーツ協会で呼びかけている1日最低60分の運動、1週間で420分の運動ができていない子どもたちが、小学生では男子で45パーセント、女子で70パーセント、中学生では男子で18パーセント、女子で41パーセントいることになります。運動時間が0分と答える中学生女子は14パーセントに上り、将来の骨粗鬆症を予防することを考えると非常に心配です。

日本スポーツ振興センターで集計されている、学校の管理下の骨折発生率[*7]は、1974年、97年と比べて2016年ではどの年齢でも明らかに高くなっており、男子では2～3倍、女子

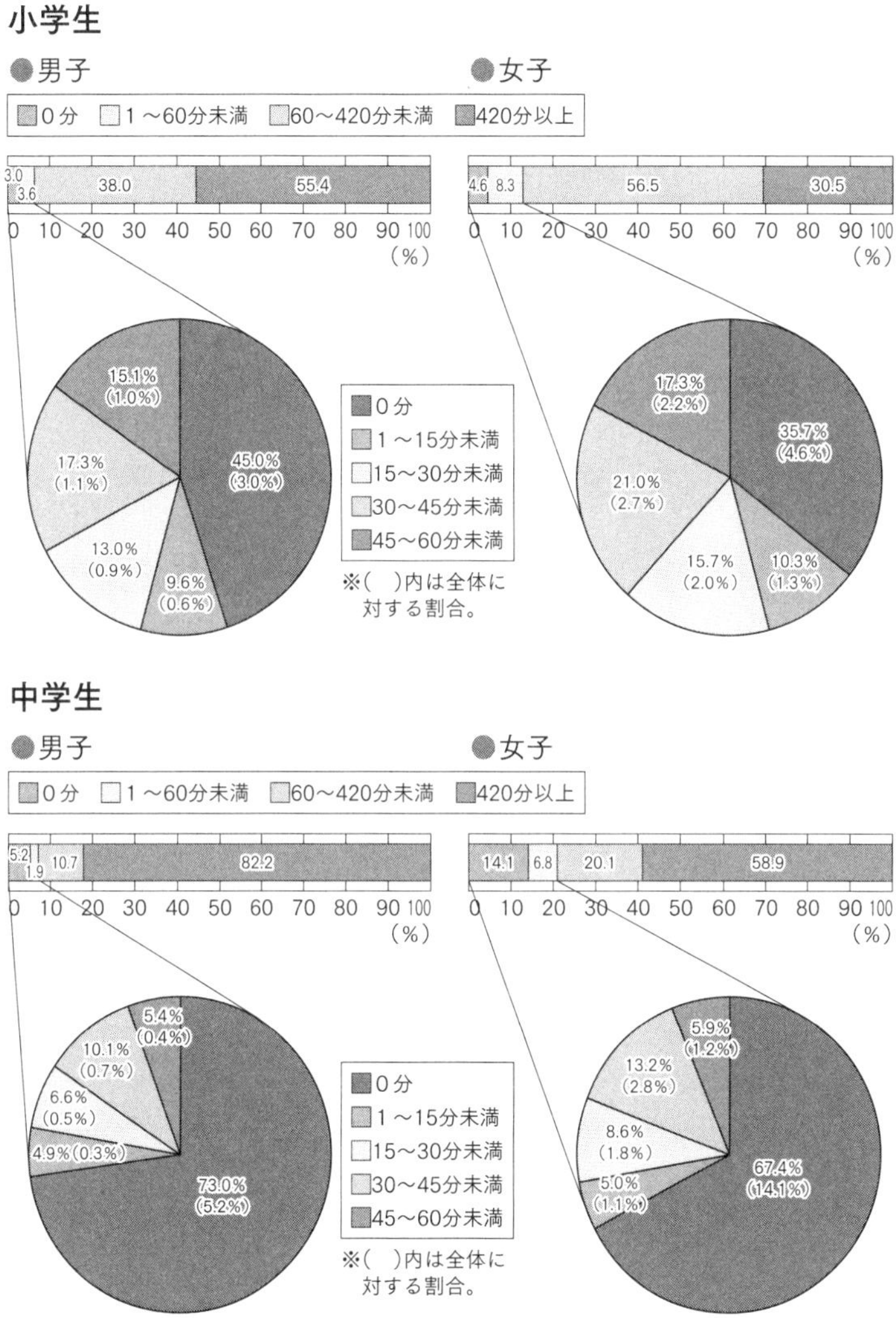

図6　小・中学生の1週間あたりの運動時間の分布

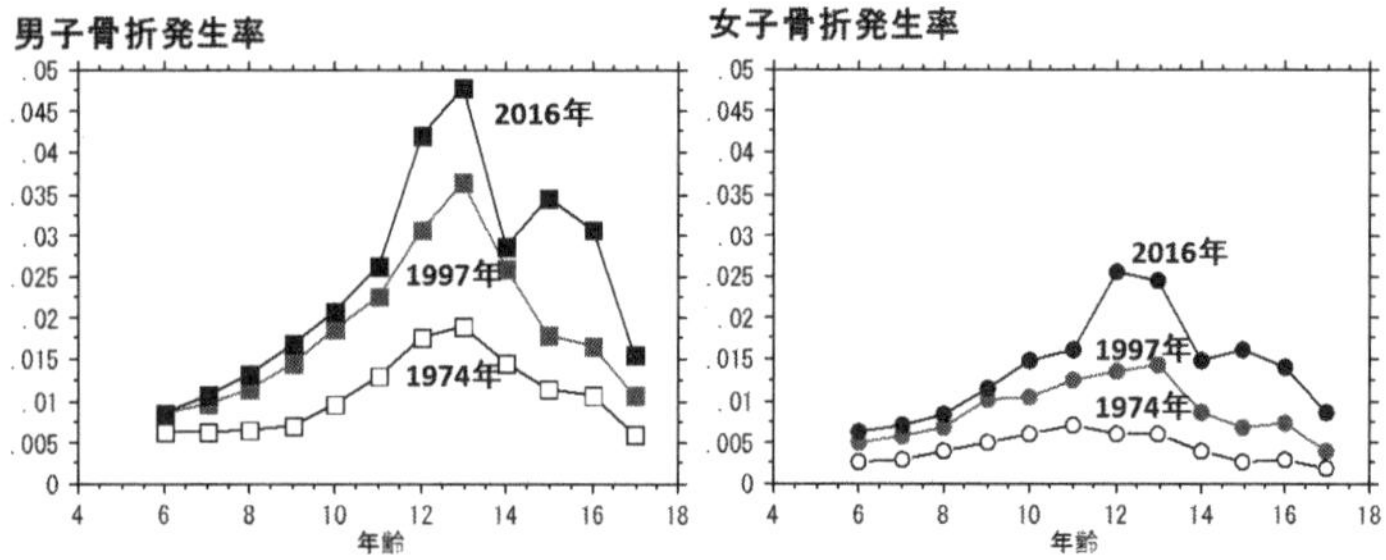

図7　学校の管理下の骨折発生率

では3～4倍に増えています（図7）。1974年に比べてこのように骨折発生率が高くなっている原因には、子どもたちの運動時間が減少していることが考えられています。運動時間や運動経験そのものが減少することで、ケガを回避《かいひ》する能力が低下している可能性があります。また、運動による刺激が減少している結果、骨密度が低くなっている可能性も考えられます。

実際、私たちの研究室の調査では、運動時間が少ない女子中学生では、超音波法で測定した骨密度が低いことが示されました。少ない運動時間の女子中学生が、このまま骨を増やせないで成人まで年月を過ごしてしまうと、peak bone mass は当然低くなってしまいます。その結果は骨粗鬆症のリスクの増大につながってしまいます。

なんとか女子中学生の運動時間を増やして、peak bone mass を高められるように働きかけを続けていきたいと考えています。

＊1　鳥居俊、岩沼聡一朗、飯塚哲司「日本人健康男子中学生における身長、除脂肪量、骨量の最大増加時期」『発育発達研究』70、11−16、2016年。
＊2　厚生労働省「平成29年簡易生命表の概況」厚生労働省、2018年。
＊3　骨粗鬆症の予防と治療ガイドライン作成委員会「骨粗鬆症の予防と治療ガイドライン2015年版」ライフサイエンス出版、2015年。
＊4　田中弘之（監）「骨粗鬆症の予防は成長期から」骨粗鬆症財団、2012年。
＊5　スポーツ庁「小学校児童の調査結果」2017年。
＊6　スポーツ庁「中学校生徒の調査結果」2017年。
＊7　日本スポーツ振興センター「平成29年版学校の管理下の災害」2017年。

ボディケア

成長期の子どもとスポーツ

中村千秋さん

なかむら・ちあき
元早稲田大学スポーツ科学学術院准教授。広島県広島市生まれ。順天堂大学大学院修了。Arizona State University卒業。専門はアスレティックトレーニング。高校・大学・社会人ラグビーのアスレティックトレーナーとして、選手の健康管理にたずさわると同時に、日本におけるアスレティクトレーニングの普及とトレーナーの育成に力をそそいでいる。
★推薦ウェブサイト　スポーツペアレンツジャパン　https://www.sports-parents-japan.com/

子どもたちのスポーツ活動で、時折、「大丈夫かな?」と思う場面がある。サッカーをしている小さな子どものヒザや足首に、テープをぐるぐる巻きにした光景。投手を担う中学生に、肩やヒジを30分以上アイシングしている様子。誰がどのような理由でそうさせて

いるのか、思わず尋ねたくなる。

大人たちが、プロ選手の様子を垣間見《かいま》たり、一方的な情報を鵜呑みにしたりして、見よう見まねで子どもに施《ほどこ》しているとしか思えない。

「正しい知識」を大人たちが身につけることが、どれほど大切か。これは子どもとスポーツのイイ関係に大きく関わることなので、5年前から中村千秋さんに、「ボディケアとテーピング」講座を飛騨で開いていただいている。

以下の文章は、成長期の子どものからだとスポーツについて、中村さんにご執筆いただいた。——山田ゆかり

ここでは、「スポーツをする子ども自身、親、そして指導者に向け、スポーツ傷害（スポーツで起こるケガ）を題材にして、どのように子どもに向き合うのかを述べてみたいと思います。子どもがスポーツをしていて発症《はっしょう》する問題は、内科、皮膚《ひふ》科、婦人科、精神科といった、おおよそ大病院に開設されている診療《しんりょう》科目すべてにわたりますが、ここでは身体活動と競技性が急に高まる成長期（身長が急に伸びる時期）の子どもに起こる整形外科《せいけいげか》的問題を取り上げて解説します。加えて、子どものスポーツとテーピングについても簡単に言及《げんきゅう》します。

この章を読むことで、スポーツ自体や、スポーツをする子どもへの考えや対応に変化が出るようであれば幸いです。

成長期にある子どもの骨と筋肉の特徴

身長が急に伸びる成長期は、女子ではおおよそ10歳から12歳、男子では12歳から15歳です。身長の伸びはイコール骨の伸びですが、骨はその両端にある骨端線《こったんせん》（成長線ともいう）という柔らかい部分が骨に徐々に移行（骨化《こつか》）しながら長くなります。身長がぐんぐん伸びれば骨も同時に大きく強くなっていると考えがちなのですが、実は成長期にある子どもの骨の強度は成長に追いついてはおらず、十分に高まっていません。このことが身体活動の活発化とともに、12歳前後で男女ともに骨折が多くなる原因と考えられています。

まとめれば、成長期の子どもの骨は身体活動に見合うだけ十分に強いわけではなく、かつ骨端線という脆弱《ぜいじゃく》な部分を抱《かか》えているのが特徴です。

加えて、この時期の筋肉や腱《けん》（アキレス腱のように筋肉と骨を結んでいる組織）の発育も骨の成長に追いついていないので、過度に引っぱられることになり、どうしてもいわゆる「かたくなる」ことが起こります。こうなるとストレッチがうまくいかなくなったり、からだがかたいと感じたりするようになります。筋肉が腱を介して骨に付く部位は骨端線の近くなので、かたくなった筋肉に引っぱられると骨端線が影響を受け、オスグッド症や野球肘《ひじ》、シーバー病といった骨端症を引き起こします。また、さらに症状が悪化すれば、骨端線が骨から剥《は》がれる裂離《れつり》骨折を起こします。

まとめれば、成長期では骨の発育に筋肉や腱の発育が追いつかないために、筋肉や腱が「かたく」なり、そのために腱が付く近くの骨端線が引っぱられ、骨端症や裂離骨折を起こすのが、骨に生じるケガのメカニズム（原因）です。

骨に起こるケガの予防方法と対処方法

これまでに説明してきたように、スポーツに熱心に取り組むようになる成長期では、骨がまだ弱いために、他人との衝突《しょうとつ》などで突発《とっぱつ》的に起こる骨折や、使いすぎで生じる疲労骨折、そして筋肉や腱のかたさが原因で起こる骨端症や裂離骨折が、代表的な整形外科的なケガと言えます。

① 突発的な骨折は、一般的には不《ふ》可《か》抗力《こうりょく》（事故）ととらえられていますが、必ずしもそうだとは言い切れない側面を持っているようです。すなわち、筆者の経験では、疲れが出てくる練

習やゲームの後半で骨折は起こりやすいようなので、この時期には長時間の練習や、翌日に疲れを残すほどの高強度な練習は、控えるのがよいと思います。

練習が終わっても元気で帰宅したり、翌日の練習にも元気で参加したりできる程度の内容が、適切な練習と言えます。加えて、段階を踏まないでいきなり高度なスキルを習得させたりすると骨折に結びつきやすいので、指導者は練習の組み立てにも留意が必要です。

骨折の応急処置は患部の安静（固定）、挙上《きょじょう》、アイシング、そして病院への搬送《はんそう》ですが、大腿《だいたい》骨《こつ》や骨盤《こつばん》のような太い大きな骨が骨折した場合には、大量の内出血とそれにともなうショックへの対応が求められます。

② 疲労骨折は、突発性ではなく明らかに「使いすぎ」が原因で起こるケガなので、もしもこれを起こさせたとしたら、指導者の資質《ししつ》を疑われても仕方がないとまで言えるかもしれません。

骨は使えば一時的に弱くなりますが、十分に休ませれば元に戻ります。しかし、十分な休養を与えないままにしておくと、骨はどんどん弱くなり、ついには破綻《はたん》（骨折）します。疲労骨折の初期では患部に「違和感や軽い痛み」を覚えますが、練習が始まると違和感を忘れてしまいます。この段階で思い切って練習を休むべきだし休ませるべきなのですが、ほとんどの場合、症状を無視してしまいます。それは「何か悪いことが起こっているハズがない！」と思い込みたい心理が、子どもだけでなく大人にも働くからだと言われています。

その後の悪化にともない、「練習中も痛い」とか「就寝中も痛い」といった症状になり、やっと病院を訪れるのですが、恐ろしいのは、この段階ではレントゲンに骨折が写らないことが多いのです。そうなると指導者は、「まだ大丈夫だから」とばかりに練習を続行させ、ついには完全に骨折するまで放置してしまいがちです。

疲労骨折の治癒《ちゆ》には、突発的な骨折のそれに比べて長い時間がかかりますし、自然に治癒しない場合は手術が必要となったり偽関節《ぎかんせつ》に発展したりします。この間に失われる体力や気力、そして習得したスキルの喪失《そうしつ》を考えると、早めに休養して症状の進行を抑え、骨を回復させるほうがはるかにマイナスは小さいのです。「違和感や軽い痛み」を決して無視しないことです。無視すれば必ず大きな代償《だいしょう》を支払うことになります。
③　オスグッド症や野球肘、シーバー病などに代表される骨端症のメカニズムが、筋肉や腱のかたさであることがわかったので、このタイプのケガを予防するには、筋肉や腱を不断《ふだん》にストレッチしてやわらかくしておくことが一番大切です。
たとえば、オスグッド症の予防には、この症状が現れる脛骨粗面《けいこつそめん》（すねの上方にある骨の出っぱり）に付いている大腿四頭筋《だいたいしとうきん》（太ももの前にある大きな筋肉）をストレッチしてやわらかくし、脛骨粗面にかかる牽引《けんいん》ストレスを軽減《けいげん》させます。同様に、野球肘では症状が現れる上腕骨内側《じょうわんこつないそく》

上顆《じょうか》（ヒジの内側にある出っぱり）に付く前腕《ぜんわん》の屈曲筋群《くっきょくきんぐん》をストレッチします。シーバー病だと、アキレス腱とそこに続くふくらはぎの筋肉をストレッチします。

ただし、ストレッチだけでは予防できないこともあるため、ここでも小さな症状に気をつけなければいけません。症状の進行は疲労骨折と同様で、「違和感や軽い痛み」から始まり、「運動中も痛い」そして「運動後も就寝中も痛い」へと変化します。

「違和感や軽い痛み」段階では、患部へのアイシング（アイスマッサージ）とストレッチの併用《へいよう》が効果的ですが、スポーツの活動レベル（練習の量や質）を落とさないかぎりは、症状の進行を抑えるのは困難《こんなん》です。ぜひ、この段階でケアと同時に練習内容の見なおしをし、後で大きな代償を払わなくてすむようにしたいものです。

④　成長期における裂離骨折は骨盤に多く起きますが、剥離《はくり》部分はいずれも足（脚）を動かすための大きな筋肉が付いている部位にある骨端線です。すなわち、まだ骨になりきっていない骨端線が、筋肉によってくり返し引っぱられることで、このケガが起こるのです。

骨盤や下半身で起こる裂離骨折は、ランニングを多用するスポーツで起こりますが、ヒジや肩の裂離骨折は、特に投球によって起こります。初期の症状は「違和感と軽い痛み」ですが、放置すると徐々に「強い痛み」となって、投球に明らかに支障が出て、最後には筋肉（腱）が付いている骨が引き剥がされてしまうのです。こうなると外科的な手術が必要で、手術後に失われる時間とこころの代償は計り知れません。

子どもが自分でできる裂離骨折の予防は筋肉のストレッチに尽きますが、それだけではなく、適度な休息や練習量の見なおしといった大人の介入が不可欠です。

子どものスポーツとテーピング

子どもスポーツの講習会では、たびたび「オスグッドの痛みに効果的なテーピングを教えてください」とか「筋肉がはっていても動けるテーピングを教えてほしい」など、様々な要求があります。でも、筆者自身は、意地悪をしているわけではなく、教えないようにしています。

なぜならば、言葉でうまく表現できない子どもにとって、違和感や痛みは異変を知らせる重大な意思表示なので、それをテーピングで覆《おお》い隠《かく》すことはするべきではないと考えるからです。

地区大会や県大会の決勝戦ならば、状況によって（問題が今以上に大きくならないと判断された場合）はテーピングでカバーすることがあると思いますが、日常的な練習のためには、いかなる種類のテーピングも施すべきではないでしょう。テーピングがなくても違和感や痛みがなく、正常に機能する身体に戻してから、練習を再開すべきです。

＊＊＊

成長期の子どもたちは、スポーツを通じて仲間をつくったり、規律を守ることを学んだりすることに加え、スポーツのパフォーマンスを高めることや勝敗にも夢中になります。したがって、子ども自身に「夢中になることを自制《じせい》させる」のは、とても難しいことです。

加えて、それを周りで応援している大人（親や指導者）もついつい子どものからだの中で起こっている大切なこと（サイン）に気づかないまま、あるいはサインを無視して、子どもを危険な目にあわせている可能性があります。

成長期の子どもに自律を促すことは大切ですが、過度な信頼や期待は、かえって子どものこころとからだに負担を強いるように思います。子どもが発するサインを見逃すことなく、問題が小さいうちにこれを取り除いてあげることが、大人の役目です。

スポーツは、子どもの「こころとからだの健全な成長」を助長するための有効な手段のひとつであることは間違いないでしょうし、私たち大人は今一度この言葉を噛みしめてみる必要があります。スポーツは大多数の子どもにとって、あくまでも大人になるための「手段のひとつ」であり、「唯一の目的」となったときには思わぬしっぺ返しを食うことになりかねません。

保護者と指導者

連携のポイント

坂本幸雄さん

さかもと・ゆきお

岐阜大学教育学部保健体育科卒業。小・中学校教諭、県教育委員会スポーツ担当指導主事を歴任。校長時代は高山市の中学校部活動の実態を調査し、今後の部活動のあり方について提言。退職後は、高山市体育協会事務局長に就任し、各種団体やスポーツ少年団の育成、発展に努め、現在は、飛騨学園美鳩幼稚園長として幼児教育の充実に従事している。

子どもがスポーツに関わるとき、子どもの意思は尊重《そんちょう》されているのか。大人の都合で子どもがスポーツに関わったり、辞めさせられたりしていることも多いのではないか。ス

ポーツ活動の「退会」理由を聞いてみると、「子どもがやりたくないと言うので」だけでなく、「成果（結果）が現れない」、「〇〇さんのお母さんから嫌がらせを受けた」、「コーチの弁当づくりや、練習日に付き添ってのお茶出しなど、とてもできない」、「仕事が忙しくて送迎《そうげい》ができない」などがある。大人の都合で辞めることが少なくないのだ。

スポーツをするのは、子ども自身であって、大人ではない。指導者が保護者との関わりに配慮《はいりょ》すれば、解決できることは多いのではないか。

そこで、子どもとスポーツ活動の関わりについて、コミュニケーションスキルの達人である坂本幸雄さんに、アドバイスを求めてみた。以下は、坂本さんに寄せていただいた文章だ。——山田ゆかり

子どもたちは、「あの選手のようになりたい」、「あんなプレーができるようになりたい」、「もっともっと上手くなって活躍したい」といった純粋な「憧れ」や「目標」を抱いて、それぞれのスポーツに足を踏み入れます。それはいわゆる幼児期の運動遊びの世界から本格的なスポーツの世界への第一歩なのです。

私たち大人は、そうした子どもたちの夢や目標を叶《かな》え、スポーツを生涯の友とする「生涯スポーツ」の基礎づくりを担っており、それを少しでも実現させるのが指導者、保護者の大きな

役割だと考えています。

そのためには「指導者と保護者」が、スポーツに対する正しい考え方や、成長期のこころの発達、からだのしくみについての知識や、科学的根拠にもとづいた指導技術等を習得し、相互の役割を生かして良い関係を築くことが求められます。

ここでは、こうした指導者と保護者の関係について、様々な事例をもとに考えていきます。

お互いの役割

まず、よく耳にするのが、「保護者が練習方法に口を出しすぎて指導がしにくい」、「試合中での応援の態度が気になる」、「試合中に審判の判定に文句を言う」など、指導者側の不満の声です。また、保護者側からは、「もう少し子どもにわかるように指導してほしい」、「子ども一人ひとりに丁寧に指導してほしい」、「すぐ怒ったり、暴言を吐いたり、のびのびと子どもがプレーしていない」といった不満の声です。

また、時折目にするのが、親の過干渉《かかんしょう》の姿です。たとえば、コーチや監督の指示がないのに親が勝手に飲食を与えたり、着替えも自分でできるのに親が手伝ったり、子どもの荷物を親が持ったりするなど、親の行きすぎた行為がしばしば見られます。指導者は「自分のことは自分できる自立した子どもに育てたい」という方針や信念があるのに、親がそれを守ってくれない。保護者への不満がつのり、何かぎくしゃくした関係や険悪《けんあく》な空気が生まれます。

しかし、それとは反対に、指導者と保護者が互いに連携《れんけい》し合い、子どもを取り巻くスポーツ環境を整え、様々な場面でバックアップ体制がしっかりできている例も多くあります。そうした環境でスポーツする子どもたちは、指導者や保護者にあたたかく見守られながらスポーツの本当の楽しさや喜びを味わい、のびのびと活動しています。また、どのチームにも共通するのは、お互いの立場を明確にし、運営に対する共通理解がしっかりとれていることです。

子どもたちの夢や目標を実現させたいという思いは、指導者も保護者も同じです。スポーツの楽しさや喜びを味わわせるために、「運動の側面」と「集団の側面」から専門的に指導するのが指導者の役割です。また、その指導者を信頼し、必要に応じてそれを支える環境を整備するのは保護者の役割です。立場や役割をあまり主張しすぎるのも問題がありますが、両者が話し合いにより役割を明確にし、どこまでお願いし任せるのかを共通理解することで、その後の運営や人間関係のトラブルの解消につながります。

それでは、そうした関係を築くには、指導者の視点から具体的にどのような取り組みをしているのか、探ってみたいと思います。

指導者の具体的な取り組み

① チームの指導方針や具体的な練習内容、練習方法を保護者に説明する。

指導者は「子どもたちにどんな力を身につけさせたいのか」、「どんな子に育ってほしいか」といった指導理念を伝えることです。

たとえば、「私はバスケットボールを通して、技術の習得はもちろんですが、練習やゲームの中で様々な問題を解決する力や仲間と協力する力を身につけさせたい。また、ルールやマナーをしっかり守り、礼儀正しい選手に育てたい」など、スポーツ指導者としての「めざす姿」を明確にし、保護者にその方策を具体的に示すことです。

また、練習の内容や方法についてもくわしく説明し、練習の効率化と安全確保に向けたサポートの内容について、理解を得ることが大切です。

② 年間の活動計画（スケジュール）を保護者に提示《ていじ》する。

保護者のほとんどは、何かしらの職業についています。仕事上、土日祭日が休日の保護者もいれば、休日でない保護者もいます。

「わが子のがんばる姿を見たい」、「何かサポートしたい」という親心《おやごころ》は誰にもあります。そうした思いに応えるためには、少しでも早い段階で、年間の活動計画（スケジュール）を提示することです。保護者は、仕事の調整を図《はか》ることができ、少しでも見通しを持った計画的な支援が可能となります。

しかし、時には、指導者や他の都合で、練習日程や試合スケジュールが変更になることがあります。当然のことですが、そんなときは、変更の連絡を、すべての保護者に周知することです。周知の方法は、最近、便利な伝達方法がありますので、個人情報の流出には気を配り、より正確かつ迅速《じんそく》に伝えることが必要です。

保護者は、こうした指導者のきめ細かい対応や配慮に対して信頼を深め、より良い信頼関係が生まれてきます。

③　保護者会を組織し、役員および各担当者の分担や役割を明確にする。

子どもたちの「夢」や「目標」の実現には、それをサポートする保護者会と保護者一人ひとりの連帯感と使命感が求められます。

そこで、保護者会で役員組織を編成《へんせい》し、個々の役割や担当を具体的にすることで、指導者と保護者の役割はより明確になり、事業の運営はたいへんスムーズに行きます。保護者会の会長を中心にした各担当役員の結束《けっそく》が高まることで、組織全体が強い絆《きずな》で結ばれ、指導者は安心して指導に専念することができます。

また、指導者が大切にしたいことは、保護者会の会長と密接《みっせつ》に連絡を取り合い、常に意思疎《そ》通《つう》を図ることです。互いに連絡を密におこない、指導者の思いを伝えたり、チームづくりや保護者会のことについて相談し意見を求めたりすることは、会長としての自覚《じかく》や使命感を育てるだけでなく、信頼関係につながります。

④　常日頃から保護者とのコミュニケーションを大切にする。

チームに加入する理由は、各家庭によって様々です。ほとんどの子は、自分の意志でチームに所属しますが、なかには、親が子どもの将来を考えてチームの所属を決める場合もあります。「ぜんそく気味でからだが弱いので、丈夫なからだになってほしい」、「親がスポーツ好きなので、子どもにもやらせたくて」、「一人っ子なので友だちをたくさんつくってほしい」といった様々な事情があります。指導者は、こうした保護者の思いを受けとめ、一人ひとりの子に配慮することが必要です。

また、子どもたちは、仲間（チームメイト）と同じ時間と場を共有する中で、技術的な優劣《ゆうれつ》や年齢、体力的な差異（先輩・後輩）によるトラブルが発生することがあります。時に、「上手い・下手」といった技術面や、「好き・嫌い」といった感情面により、チーム内の人間関係に大きな亀裂《きれつ》が走ることがあります。また、それが「差別」や「無視」、「暴力」や「いじめ」に発展した例もあります。対象になった子どもの保護者は、その怒りの矛先《ほこさき》を指導者と相手の保護者に向け、さらに関係が泥沼《どろぬま》化することがあります。

そうした事態を極力避けるためには、子どもや保護者に丁寧な対応をすることはもちろんですが、具体的な事実にもとづいた説明と謙虚な対応により、少しでも関係修復《しゅうふく》を図る努力が求められます。

さて、こうしたチーム内の個や集団に関わるトラブルは、多かれ少なかれあるものです。ここで大切にしてほしいことは、大きなトラブルに発展する前に、日頃から小さなトラブルを決して見逃さないことです。そして、指導者がすべてを抱え込むのではなく、保護者会との連携と情報の共有化を図り、できるだけ早い段階でトラブル解消に向けた手だてを講《こう》じることが大切です。

⑤ 子どもと保護者と指導者が楽しく過ごす共有の時間と場を持つ。

年間事業計画にぜひ位置づけてほしいことがあります。それは、日頃の練習や試合から解放され、子どもと保護者、そして指導者が和気あいあいと過ごす行事を取り入れることです。

たとえば、ある団体では、子どもたちの好きなドッジボール大会やグラウンドゴルフ大会といった行事を定期的に取り入れています。なかには、指導者が保護者を指導するクリニックを開催し、実際に体験することで種目の難しさや楽しさを味わう行事を取り入れている団体もあります。そこには、子どもの声援を受けて必死にがんばる保護者の姿があり、スポーツを通した親子の一体感が見られます。

また、日頃お世話になっている施設（グラウンド、屋内施設など）の掃除や草取り、器具や用具の整理といった奉仕《ほうし》的な活動を位置づけ、子どもと一緒になっておこなっている団体もあります。

こうした企画を年間行事のひとつとして取り入れることは、子ども、保護者、指導者の絆や一体感を深めるだけでなく、チーム全体の雰囲気やムードを高め、その後のチーム運営にも大きな影響を与えます。

＊　＊　＊

ここまで、指導者の立場から、保護者との良い関係について述べてきました。ここで忘れてはならないことは、常に主役は子どもであるということです。子どもたちの「夢」や「目標」の実現に向け、指導者と保護者ができる最大限のことは「何か」を求めつづけ、具体的に実践することだと思います。

そのために指導者は、良い指導者になるための努力が求められ、保護者は、保護者としての役目を明確にし、後方支援の体制を持つことだと思います。その両者の歯車が噛み合ったときに初めて、「指導者と保護者」の良い関係がつくりあげられるのではないでしょうか。

私自身、スポーツを通して多くの学びを得ることができました。それは新しい自分との出会いであり、人との出会いであり、そしてスポーツの楽しさや喜びとの出会いでした。また、様々な場面で支え、導いてくれた良き指導者にめぐり会えたことが、将来の進路選択につながりました。指導者の言動や行動がその子の人生や生き方を変えることを肝《きも》に銘《めい》じ、良き指導者になることを願っています。

あとがき

2002年夏、岐阜県神岡町（現・飛騨市）流葉《ながれは》の新設ウォーキングコース内覧《ないらん》イベントに招かれた。そのとき出会った山之村《やまのむら》小中学校の先生の「子どもたちに会って」という誘いに乗ったばっかりに、この町に住むことになった。

子どもの「スポーツ大好き！　ライフスキルを育む」、大人の「元気で溌剌《はつらつ》！」を念頭に、2005年、行政の受託《じゅたく》事業からスタートした活動は、応援くださる人々の尽力《じんりょく》で民間化し、岐阜県認定総合型地域スポーツクラブに成長した。メンバーは子ども30余人、大人40人、20人のサポーターで支えられている。

本書は、そういう方々あってこその活動記録でもある。飛騨シューレに関わってくださったすべての方々に、この場を借りて「ありがとう」を伝えます。今後とも見守ってください。

本書は、決して成功話ではなく、自慢話でもない。確信の持てる答えが出ないこともあり、読者のみなさんと一緒に考えたいことばかりだ。

楽しそうにテニスをしていた子どもたちが、何の前ぶれもなく辞めていくこともある。そして、競技色の濃い、厳しい声がけが日常的なクラブへ移っていく。こういうことがあると、正直、へっこむ。

15年間、飛騨シューレが大切にしてきたのは、学年や性別、心身の発育発達を問わない、インクルーシブな活動だ。しかし、それが子どもに受け入れられないときもある。ある子にとっては、同学年の仲良しクラブっぽいほうがよかったのかもしれない。勝敗にこだわらない、叱《しか》らない指導が面《おも》映《は》ゆかったのかもしれない。意義性や思考力が育まれるような声がけが、鬱陶《うっとう》しかったのかもしれない……。子どもの言い分に耳を傾けることを、うっかり欠いていたかもしれない。

試行錯誤《しこうさくご》をくり返すしかない。七転び八起き、石の上にも3年……と、お経《きょう》のように唱えながら、ひたすら子どもたちと向き合うしかないと思っている。

最後になりましたが、取材や寄稿にご協力くださった先生方、的確なアドバイスをくださった大月書店編集部の木村亮さんには、企画から3年、気長に待っていただき、感謝の気持ちでいっぱいです。

2019年3月

山田ゆかり

参考文献

宮下充正『子どものスポーツと才能教育』大修館書店、２００２年
養老孟司『身体の文学史』新潮社、１９９７年
『サッカー指導教本』財団法人日本サッカー協会指導委員会、２００４年
石河利寛編『体育科学』第８巻、体育科学センター、１９８０年
クルト・マイネル（金子明友訳）『スポーツ運動学』大修館書店、１９８１年
カロリーネ・フォン・ハイデブラント（西川隆範訳）『子どもの体と心の成長』イザラ書房、１９９２年
グレン・ドーマン、ダグラス・ドーマン、ブルース・ヘイギー（小出照子訳）『赤ちゃんは運動の天才――運動は脳を発達させる』サイマル出版会、１９９７年

著者
山田ゆかり（やまだ　ゆかり）
スポーツライター、ファシリテーター、一般社団法人飛騨シューレ代表理事、津田塾大学非常勤講師。1994年〜96年、インディアナ州立ボール大学、ジョージア州立大学訪問研究員。子どもとスポーツ、女性とスポーツに関心を持っている。
著書『勝つ！ ひと言──名監督・コーチの決めセリフ』（朝日新書）、『女性のからだとスポーツ』『女性アスリート・コーチングブック』（大月書店）、訳書『スポーツ・ヒーローと性犯罪』（大修館書店）など。
メールアドレス　yuya@za2.so-net.ne.jp
飛騨シューレ　http://facebook.com/hidashule/

装　幀　森デザイン室
イラスト　杉山薫里

子どもとスポーツのイイ関係
「苦手・嫌い」が「得意・好き」に変わるコーチングの極意

2019年4月15日　第1刷発行　　定価はカバーに表示してあります

著　者　山田ゆかり
発行者　中川　進

〒113-0033　東京都文京区本郷2-27-16
発行所　株式会社　大月書店　　印刷　三晃印刷
製本　中永製本
電話（代表）03-3813-4651　FAX03-3813-4656／振替 00130-7-16387
http://www.otsukishoten.co.jp/

ISBN978-4-272-41253-2　C0037　Printed in Japan